表达力

人生情商课

博锋——著

天地出版社 | TIANDI PRESS

图书在版编目（CIP）数据

表达力：人生情商课／博锋著. —成都：天地出版社，2020.7
ISBN 978-7-5455-5624-7

Ⅰ.①表… Ⅱ.①博… Ⅲ.①语言表达－通俗读物
Ⅳ.①H0-49

中国版本图书馆CIP数据核字（2020）第056166号

BIAODA LI: RENSHENG QINGSHANG KE

表达力：人生情商课

出 品 人	杨 政
作 者	博 锋
责任编辑	孟令爽
装帧设计	思想工社
责任印制	葛红梅

出版发行	天地出版社
	（成都市槐树街2号 邮政编码：610014）
	（北京市方庄芳群园3区3号 邮政编码：100078）
网 址	http://www.tiandiph.com
电子邮箱	tianditg@163.com
经 销	新华文轩出版传媒股份有限公司

印 刷	北京文昌阁彩色印刷有限责任公司
版 次	2020年7月第1版
印 次	2020年7月第1次印刷
开 本	880mm×1230mm 1/32
印 张	8.75
字 数	189千字
定 价	42.00元
书 号	ISBN 978-7-5455-5624-7

咨询电话：（028）87734639（总编室）
购书热线：（010）67693207（营销中心）

本版图书凡印刷、装订错误，可及时向我社营销中心调换

学会好好说话

说和做同样重要。

善于表达的人，无论走到哪里，都有好人缘；不会表达的人，则少有人喜欢。

不可否认，我们需要踏踏实实做人、认认真真做事，可我们也需要学会更好地表达自己。很简单，在这样一个崇尚说话、人人争先恐后地表达自己见解的时代，你若缺乏表达自己的勇气，不敢也不愿在人前讲话，或不善于表达，频频表达失误，就难免会处处受限，前途堪忧。

即使你再优秀，想法再独特，若不说出来，谁又能看得见呢？你想和人家交朋友，你对人家有好感，若不说出来，人家又怎能知晓？

你一说话就紧张、尴尬，前言不搭后语，怎么让说的话有分量？你说话不过脑子，一张口就得罪人，怎么让别人喜欢你？

你只顾着自己说，连听别人说话的耐心都没有，怎么让别人耐心听你说？你不幽默、说话没气势，又为何怪别人毫不留情地转身离去？

或许很多人觉得把表达力说成"成功的钥匙"是夸大其词，可在我们的生活中，良好的表达力确实扮演着重要的角色，不少人人生失意恰恰都是因为不会表达。

为了不让自己吃不会表达的亏，我们必须提升表达能力，提升自己的勇气和自信，提高自己的表达技巧和情商，剔除自己表达上的缺陷和不足，让自己成为一个会表达的"能人"。

自信地表达、顺畅地沟通，是一种人生智慧。可喜的是，这种人生智慧可以通过后天的努力得到提升。本书从倾听力、精准度、简而美、问与答、柔和感等方面介绍了关于表达的具体可操作的实用方法和技巧，并配以真实的生活案例辅以说明，让更多的人快速掌握沟通技巧，学会说话，提高情商，开心地工作和生活。

目 录

C O N T E N T S

1

第 6 课　问与答

怎么问才有好答案，怎么答才叫作精湛

第 7 课　柔和感

你说话的委婉度，决定了你的人际关系

第 11 课　讲故事

空口白牙讲道理，抵不过别开生面讲故事

第 1 课

失意录

人生 80% 的痛事，
伤在了不会表达上

杨澜说："没有人有义务通过你邋遢的外表去了解你的内心。"同理，也没有人有义务和时间通过你拙劣的表达来深挖你的实力。如果不会表达，即使你默默做了很多事，恐怕也无人知晓。

所谓怀才不遇，
是你欠缺表达能力

一个刚刚参加工作的亲戚在朋友圈抱怨："这个世界真的做什么都靠关系吗？像我这样没有关系、只知道埋头苦干的人，出路究竟在哪里？"

据我所知，我的这个亲戚毕业于一所不错的学校，从小到大成绩都很优秀，按理说能力应该是不差的，他无论走到哪里都能表现良好啊。可他的职场之路走得并不顺畅：每天认真工作、埋头苦干，却得不到老板的赏识；自己完成了任务，可受到表扬的却是别人。正因为如此，他才感慨自己怀才不遇、无人赏识。

为了这事，我专门找这个亲戚聊了聊，看看他平时在公司里是如何工作的。通过他与别人的简单互动我才知道，这个亲戚之所以"怀才不遇"，不是因为没能力和所谓的没关系，而是因为欠缺表达能力。

不信？那我们就看看吧！

这个亲戚和另一个男孩是公司特意从高校招聘的，他们俩是公司的重点培养对象。可想而知，两个人都是非常出色的。公司对他们也非常重视，专门给他们安排了一位能力强、资格老的主管，带他们熟悉业务。

也许是因为这个亲戚平时表现得足够优秀，没人指出过他的错误，抑或因为刚进入社会，还不懂得为人处世的道理，所以把主管的指导、纠错错认为是"习惯找他的碴儿"。有一次，在他一边听音乐一边写东西时，主管拿下他的耳机，说："工作的时候少听些音乐，这样容易影响工作效率，让公司领导看到了也不好。"

这个亲戚马上回道："刘哥，您太不了解年轻人了。现在的年轻人都喜欢听音乐，边听音乐边工作，效率更高哦！而且我觉得公司领导也不是不通情达理，只要我把工作做好了，人家还会管我怎么做吗？"

主管听了这话，没有再说什么，可脸色却不怎么好看。后来，还出现过好几次类似的事情。这个亲戚每次都"怼"得主管说不出话，然后自己还得意扬扬地想："谁让你总是找我的碴儿……"

有一次，在主管主持月底总结会议时，这个亲戚突然站起来大声喊道："不对，不对，您刚才说的数字不对……"正在台上讲话的主管听到这话，羞得面红耳赤，脸色变得要多难看有多难看。

之后，因为他工作能力强，又是公司的重点培养对象，同事们时常开玩笑对他说："你刚进公司就能受到老板的器重，真是太幸运了！以后升职了，一定要照顾我们啊！"

显然，这个亲戚已经骄傲得有些飘飘然了，不仅没有听出同事们的玩笑之言，还得意地说："那是当然了！再过一段时间，我肯定能升职加薪，到时候一定会关照大家的。"可不久之后，他就发现了一个问题：大家好像都不愿意搭理自己了。有时候大家正聊得热火朝天，他一旦加入其中，大家就找理由散开了。

而所有同事对另一个男孩却不是如此：主管时常夸奖他，同事们也和他打成一片。年底的时候，公司评优秀新员工，这个亲戚私下盘算了一下，觉得这个"优秀新员工"非自己莫属。可结果却出乎他的意料，得到奖励的是另一个男孩。

正当他感到困惑、不服气时，听说那个男孩是公司某领导的弟弟。于是他发了一条朋友圈，抱怨这个社会不公平，抱怨自己怀才不遇……

且不说那个男孩是否真的是公司某领导的弟弟，就只说我这个亲戚的所作所为，难道就真的没有一点问题吗？

其实，他的不如意完全源于自己——他的表达方式存在很大的问题！作为新人，顶撞主管，丝毫不给主管面子；作为新人，一点都不谦虚低调，夸夸其谈、卖弄自己的本事。我们不能否认，他的确很优秀，但是他若不能恰当地表现自己，只会适得其反，而且越表现、越凸显自己，就越会"怀才不遇"。

更何况，这个时代已经没有什么怀才不遇了。所谓的怀才不遇，就是指你因为欠缺表达能力或选择了错误的表达方式而职场不顺罢了。换句话说，我们想要获得成功、飞黄腾达，虽然需要表达自己、展现自己的能力和才华，但是我们还需要记住一个前提——恰当地表达自己。

我们必须提升表达能力，通过良好的表达告诉大家我是金子、我会发光。而不是像我那个亲戚一样，虽然处处表现自己，却口无遮拦、口出狂言。

很多时候，一个人的表达方式、措辞、态度，对于是否能给别人留下好印象，是否能为自己赢得机会至关重要。同样一句话，若措辞恰当，就会给别人留下好印象，为自己赢得机会；若措辞有误，表达不恰当，就会适得其反，给自己招来麻烦。

聪明人，能够恰当地表达自己，不让他人心生不满。说到这里，我想起一个电影中的情节。

主人公是某航空公司的新乘务员，在为客人分配餐食的时候，由于大多数客人选择了牛肉，导致牛肉欠缺、鱼肉大量剩余。面对这样的情形，主人公不知道如何处理——自己既不能说牛肉没有了，又不能强迫客人选择鱼肉，究竟应该如何处理这个问题呢？

　　这时，一位经验丰富的前辈站了出来，给她示范了一种绝佳的表达技巧。只见前辈微笑着对客人说："乘客您好，机内供应以优质香草、富含矿物质的天然岩盐和粗制黑胡椒嫩煎而成的鱼肉，以及普通牛肉。请问，您选择鱼肉还是牛肉？"

　　结果，绝大多数还在等待供餐的乘客都主动选择了鱼肉。因为前辈的表达会给乘客一个错觉：鱼肉是优质的，比普通牛肉更好吃。这样的表达要比"对不起，我们只剩鱼肉了"的说法更让乘客感到心情愉快，从而心甘情愿地选择鱼肉。

　　总之，不善表达，对于任何人来说都是怀才不遇的重要原因，不管他是才华横溢，还是能力出众。一个人若想在众人中脱颖而出，就赶紧学会恰当地表达自己吧！

不注重自我表达，
机遇就会花落别家

　　人生的道路有千万条，不管你是才华横溢，还是平凡普通，不管你是春风得意，还是暂时失意，只有敢于表现自己，恰当地展现出自己的实力，才能抓住身边的大好机遇。

　　虽然说是金子总会发光的，但是你也要恰当地告诉别人你是金子、你的价值在哪里。否则，你就容易被沙子埋没，或被人当作"废铁"扔在一边。

　　我曾看过这样一则寓言故事：

　　一位乡绅膝下有两个美丽无比的女儿，凡是来他家做客的人，都对他的两个女儿称赞有加。可乡绅总是谦虚地说："哪里哪里，她们丑得都快见不了人了。"乡绅的话被当作笑话传了出去。久而久之，三人成虎，两个美丽无比的女儿便真成了人们口中的丑八怪，乃至直到她们老去，依然待字闺中。

　　再来看看我们身边那些抓住了机遇、取得了一番成绩的人，哪一个不是敢于表达自己的人？一个人就算才高八斗、学富五车，如果不注重表达自己，那么一样会成为发不出光的金子。既然自己的女儿漂亮，为什么不大胆地承认呢？因为过分谦虚的表达耽误了两个女儿的一生，值得吗？

只有那些自卑、没有勇气的人，才会窝在自己的"壳子"里，一边抱怨上天不给自己机会，一边担心自己会成为被枪打的"出头鸟"。

怯懦，不仅会削减我们成事的能力，甚至会驱我们于毁灭之崖。那些害怕"枪打出头鸟"的人，就是典型的懦夫。若不想让机遇花落别家，不想事后后悔，你就应该大胆地表达自己，恰当地展现自己的能力和才华。

比如表妹瑶瑶，从小就想做一名播音员，所以高考填志愿的时候，她毅然决然地报考了中国传媒大学的播音主持专业。可坦白地讲，她的外在形象并不出众，声音也缺少主持人应该具备的特质。

毕业后，她怀揣梦想去应聘某电台播音员的职位。在她播完试题时，主考官轻轻地摇头，然后笑着说："非常感谢你，今天就到这里吧！"然后准备在她的名字后面打个"×"。

这时，瑶瑶急切地说："各位老师，请允许我占用大家两分钟时间，用英语做一次演讲。"

听到她渴望的声音，看着她真诚的眼神，主考官答应了。接下来，瑶瑶声情并茂地用英语演讲起来。她的英语演讲非常棒，那抑扬顿挫的声调，深深地吸引了主考官。

她话音刚刚落下之时，主考官立即问道："你的英语考级了吗？"

"大学英语六级。"

"可有意向做一个儿童英语频道的主持人？"

"当然愿意！"

原来，这家电台准备开播一档专门针对儿童的英语节目，需要聘请一位有活力、亲和力的主持人。瑶瑶恰好在这个时候出现了。就这样，她成功地实现了自己的梦想，成为一名电台播音员。

常言说，机会可遇而不可求。当机会已经摆到了你面前时，你却不注重表达自己，没有勇气"推销"自己，是不是太不明智了？

大胆且恰当地告诉别人你就是金子，这不是强出头，更不是炫耀和耍聪明，而是把自己的才华、能力大大方方地亮出来，给别人一个认识自己的机会，也给自己一个出人头地的机会。

职场默默无声，
还谈什么一路高升

有一位求助者向我抱怨说："我性格内向，但踏实努力，工作以来一直兢兢业业，却从未得到过老板的表扬，甚至在一次全体员工大会上他还点名批评了我！而个别同事，工作做得并未让老板满意，却经常得到老板的称赞。我现在既不想再受这份窝囊气，又舍不得辞去这份工作，我该怎么办？"

我给他的建议是：聪明地工作，恰到好处地表达自己。

当然，这个"聪明"并不是指投机取巧、耍小伎俩，而是指要在努力工作的前提下，引起老板的注意，让老板听见你的声音。简而言之，就是设法增加自己在老板面前的曝光度。

中国人讲究含蓄，很多人固执地认为，"酒香不怕巷子深"，"是金子早晚会发光"，"努力与回报成正比"，"只要埋头苦干，就有出头之日"。然而，想法很美好，现实却很残酷。

韩愈说："世有伯乐，然后有千里马。千里马常有，而伯乐不常有。故虽有名马，祇辱于奴隶人之手，骈死于槽枥之间，不以千里称也。"

我们常将人才比作千里马，可千里马若没有恰逢伯乐，会是什么际遇？只怕会相当凄惨——辱于奴隶人之手，骈死于槽枥之间，不以千里称也！生前得不到赞扬，死后留不下好名声。

你有才华是你自己的事情，但别人没有义务一定要去发现它。如果你不想被埋没在尘埃里，就一定要学会恰如其分地表达自己。

我的一位朋友就是这方面的行家里手。他最初是一位撰稿编辑，刚工作两个月，公司上下都知道他工作有效率、守时间，因此他大受领导称赞，提前获得转正，后来一路高升，现在已经成为总编辑。他是怎么做到的呢？

原来，他在每一份稿件的首页都会列出任务下达日期、稿件交付日期、两者间隔时间。因为这个"良好的工作习惯"，所有人都知道他工作态度极其认真、时间观念极其严谨、工作成效极其显著。可以说，他早早就为自己的晋升之路做好了铺垫。

我曾笑他老谋深算，他不直接回答，只说了一句话："酒香也怕巷子深。"

聪明人，"七分苦干三分吆喝"，如果表达巧妙，就没人会察觉出你的"心机"。更何况，"心机"也未必只能用作贬义词。

不论古今中外，在任何一个团体中，最努力的都不一定是最出色的，但最出色的大多数都是最善于表达自己的人。正如法国著名职业导师巴乐肯所说："无论你从事什么行业，你一生的成绩，都取决于你是否具备推销自己的能力。有些人天生懂得怎样有效地推销自己，给别人留下良好的印象，这完全是因为他们使用了一点额外的智力。"

毫无疑问，我的编辑朋友就是一个善于推销自己的"天才"，所以他毫无意外地成功了。

事实上，如果你能学会自我推销，就可能收获成功。在这里，给大家提几个建议：

1. 初到一个单位，要主动表现你的进步

工作之初，业务流程不熟，难免会有失误。但经过一番努力之后，你已有所进步，此时此刻，很有必要让领导察觉。你可以与他"凑巧"在电梯或食堂偶遇，向他表达感谢："当初我刚到公司时犯了不少错误，幸亏有您的帮助和指导，让我认识到自己的不足，经过这段时间的努力学习，工作上已经得心应手，谢谢您的帮助。"——表达不卑不亢、堂堂正正，不动声色地让领导接收到你的信息。

2. 不要逃避，你所走的每一步都有可能影响最后的结局

当领导安排新任务时，你可以主动请缨，就可能因此崭露头角。当然，你要量力而为，以免鸡飞蛋打。当别人都逃避困难时，你可以挺身而出，并声明在能力范围之内尽力而为。如遇到难题，就请领导提意见，但仍由你来执行。如此，即使工作上有所差池，领导也不会太过怪罪于你。心里如果有点子，别怕当众提出来，哪怕它还不够成熟，起码给自己一个露脸的机会。

3. 不该谦虚时别谦虚，适当展示自己的能力

我的另一个朋友，他工作表现挺出色，当领导找他谈话，准备让他做项目负责人时，他谦虚道："不行不行，我还没有达到那个水平，还有很多不足之处，恐怕会拖公司的后腿。"他谦虚了两次后，成全了一个工作水平远不如自己的人。

我对他说："你这不是自己毁自己吗？"他笑了笑，笑得很苦涩，因为追悔莫及。

诚然，谦虚是一种美德，但一个人太过谦虚就容易吃大亏。当领导对你委以重任时，应该低调接受，可进可退，不要把胸脯拍得咚咚响，把话说太满；但也不要妄自菲薄，一个劲儿地谦虚——既然你自己都觉得自己不足以胜任，那领导自然就会把机

会给别人。

另外，当你和同事们一起完成了一项重要任务，向领导汇报工作时，一定要把自己的作用表现出来，比如你做了什么、做得怎样、起了什么作用等。当然，你也一定要强调，这是大家同心协力的结果。这些话倘若你不说，别人也不会替你说，那么领导也许永远都不会知道你做了什么。

4. 不要毫无主见、绝对服从

如果你的领导刚愎自用，不考虑公司的未来，那么我劝你赶快离开。但是，如果你遇到的是那些富有进取精神的领导，他们会对有主见、敢提不同意见但为公司利益着想的人更加关注。

总之，希望大家能够明白：如果你是千里马，就一定要学学毛遂，主动跑到伯乐面前，告诉他："我就是你要找的千里马，这就跑给你看！"

如果你不会或者不愿表达自己，只是空有能力却无用武之地，那么恐怕一辈子都会活得很窝囊。

爱语在心口难开，
难怪错失她的爱

有首老歌叫《爱你在心口难开》，"爱你在心口难开，你可知道我在爱你，怎么对我不理睬，请你轻轻告诉我，不要叫我多疑猜……"

这首歌是不是唱出了很多男男女女的矛盾之心：喜欢别人，却不敢表白，然后又抱怨别人不懂自己的心？我的一个朋友就犯了这样的毛病。

朋友暗恋一个女孩。这个女孩是他们公司的前台，温柔大方，善解人意。我到朋友所在的公司找他时，有幸见过这个女孩一面，她确实是一个非常不错的女孩。

每过一段时间，我都会半开玩笑半认真地怂恿朋友："赶紧追那个女孩啊！要是你还不行动，这么好的女孩可能就错过了！到时候，你可不要抱着我哭哟！"

可朋友总是犹犹豫豫地说："我不知道人家是否喜欢我，要是被拒绝了，多尴尬啊！我们以后在公司还怎么相处啊！"

我笑话他："你是个大男人，如果喜欢人家，就大胆地说出来！你不表白，人家怎么知道你的真心？就算被拒绝了又怎么样，你至少给了自己一次机会啊！"

听了这话，朋友显然有些心动。可没过一会儿，他就又士气全无了。"我还是等一段时间吧！等到时机成熟的时候我再表白，这样一来，成功的概率还能大一些……"接下来，朋友单恋着这个女孩，时常假装不经意地关心她，借着拿快递、取文件的机会和她搭讪，关注她的微博、朋友圈，分析女孩的兴趣……

相信很多人已经猜到了朋友这场单恋的结局。没错，他失恋了。等到他自以为时机成熟、想要向女孩表白的时候，突然从其他同事那里得到一个消息——女孩恋爱了，她的男朋友是公司销售部刚来的一个男孩。这个男孩对女孩一见倾心，刚来公司一个月就向她表白了，然后两人幸福地在一起了。

那一天，朋友找来了好几个朋友，让大家陪着他喝酒，结果把自己喝得酩酊大醉。可这又怪谁呢？

如果喜欢一个人，你就要大胆地把自己的爱说出来，至于结果，那就交给对方吧。或许有人会说，要是对方拒绝了怎么办，岂不是很尴尬？没错，遭到拒绝，是会让人感到一时尴尬，对于性格内向、自尊心强的人来说更是如此。但是，你只有把爱说出来，才有赢得爱情的机会。

就像我的朋友，明明喜欢那个女孩，却不敢把爱大胆说出口，犹犹豫豫、怕这怕那，结果只能眼睁睁地看着她投入别人的怀抱，然后自己独自痛苦地饮下失恋的苦酒。

当初看《大话西游》的时候，觉得唐僧的那段话很搞笑："你想要啊？悟空，你想要的话你就说嘛，你不说我怎么知道你想要呢。虽然你很有诚意地看着我，可是，你还是要跟我说你想要的啊。不可能你说想要我不给你，而你说不想要我却偏要给你……"

我们不得不承认，这段话真的很有道理。爱情的表达，就是要让对方知晓你的心，了解你心中的那份喜欢、爱恋。你不说出来，对方怎么知道你的爱意？

说到这里，我想起在一篇文章里看到的故事。

一个刚满22岁的女孩，很喜欢大学里的一个学长，可是她性格腼腆，没有勇气向学长表达自己的爱意。每天看着自己喜欢的学长，女孩却爱在心头口难开，内心陷入了矛盾和痛苦之中，于是写下了这篇文章：

我是个内向的女生，不喜欢主动与人交往，这不是因为我个性高傲，而是因为我很自卑。我的朋友很少，只有几个高中同学，其中和我关系最好的朋友就是那个性格开朗、活泼可爱的同学，但平时我们之间的交流都是她积极主动。

　　我是个非常害羞的人，与人一说话就会脸红，尤其在和男孩说话的时候。老实说，当发现自己开始喜欢学长的时候，我都震惊了，不知道该怎么办。我本能地想要逃避，可又深深地被他吸引，特别喜欢他的开朗、阳光、善解人意。

　　我知道学长对我也不错，可是我觉得自己就是一个丑小鸭，根本配不上学长。我不敢说出自己的心意，更不敢把爱意表现得太明显，因为我怕遭到拒绝，怕连和学长相处的机会都失去。我为自己的性格感到哀伤，我很想改变自己，让自己成为一个开朗的人。我也想大胆地向学长告白，可就是没有那份勇气。我渴望爱情，可是美好的爱情只是我自己在心里虚构的，也许永远也无法获得它吧！

　　……

　　这个女孩，真的让人心疼。我们能从她的自白中感觉到她内心深处的挣扎，也能体会到她有爱却不敢说出口的痛苦。可我们也知道，这个女孩若不能大胆地迈出这一步，恐怕她一生都无法赢得美好的爱情。

　　如果你不将爱说出口，就永远没有获得爱情的机会。正如一首歌唱的那样："爱情最害怕犹豫，再回头只能怀念。心要让你听见，爱要让你看见。"如此一来，彼此心仪的人才不会成为擦肩而过的人。

　　如果你心中有爱却不表达出来，别人就永远都不可能知道你心中的爱。爱在心、口难开，你就可能永远失去机会，让有可能发生的一场美好爱情变为没有结果的单恋、暗恋。爱情很少会主动找上你，心仪的人更不可能一直在原地等你。

如果爱，你就大胆地说出来。只有勇敢地表达自己，你才有机会和喜欢的人谈场美好的恋爱。

不会表达，
比不会做事更招人厌

　　时常听年轻人抱怨："同是销售员，为什么别人不费吹灰之力就可以拿下大单子，我辛辛苦苦却一无所获？""同是交朋友，为什么××就那么招人喜欢，而周围的人却都不愿意和我玩，恨不得躲我远远的？""同是恋爱，为什么别人能爱情甜蜜，与喜欢的人在一起，我却会被别人抛弃？"

　　关于上面的问题，我可以给出一个答案：因为你不会表达。不会表达的人，容易说错话，或者说别人不喜欢听的话，总是得罪了人也不自知。结果，他们自然是不招人待见的了。

　　蔡康永在《蔡康永的说话之道》里写道："你说什么样的话，你就是什么样的人。"很多时候，不会表达比不会做事更令人讨厌；甚至有些时候，即使你做对了事情，可在表达上犯了错误，也会让人心生厌烦，结果费力不讨好。

　　在人际交往中，不会表达不仅是情商低的体现，还有可能成为一个人为人处世的黑名片，使得任何人都不愿意接近他，就别提尊重和喜欢了。

一位不太熟的朋友A，平时大家都不愿意和他来往。原因很简单，他这个人非常愿意表达自己的看法，可偏偏又不善于表达——他总是冷不丁地就说出不好听的话来。在朋友圈里，他有一个绰号，叫"乌鸦嘴"，只是他一点儿都不觉得自己有问题。

有一次，另外一位朋友B想要搬家，请大家抽空帮忙，还开玩笑地说："朋友们，现在是大家出力的时候，谁也不许偷懒、逃跑啊！搬完家，我请大家去唱歌！"

几个朋友都高兴地回答，说一定会去帮忙的。朋友A自然也痛快地答应了，可答应就答应吧，他非要多一句嘴："哎呀，只带我们去唱歌多寒酸啊！你要是真心感谢我们，就应该吃饭、唱歌、洗澡一条龙服务，这才够大气呢！"结果，朋友聊天群立即安静了。朋友B也不知道怎么应答，就发了一个苦笑的表情。

其实，朋友A也是一个热心肠的人，可就是不太会表达，总是时不时说出一些令人无法接出下句的话来。

那天搬家结束后，天色已经很晚了，朋友B的妻子亲自下厨，为我们做了一桌简单的家常饭菜。朋友B家养了一只狗，那狗的脸特别像个"囧"字，看上去特别有趣。

就在大家围着这只狗说它长得有趣时，朋友A大声地喊道："我会看相，你们不知道吧？我看这狗面相不行啊，它的眼睛鼻子耷拉着，一看就是短命相。"

听到这样的话，朋友B的妻子脸色"唰"地就变了，但是碍于面子，也没有说什么。大家知道他不会说话，于是纷纷找别的话题来活跃气氛，希望朋友B的妻子别太在意。要是这件事到此为止，大家也就不会太在意了。

可事情就是这么凑巧，几天后，朋友B家的那只狗竟然被车撞死了。朋友B的妻子非常喜欢那只狗，用朋友B的话来说就是"它的家庭地位比我都要高，平时吃得比我好，睡得比我舒服"。可想而知，朋友B的妻子有多么伤心。

伤心之余，朋友B的妻子想起了朋友A之前说的那句话，就把怨气都撒在了朋友A身上，觉得是他的话"咒死"了自己的爱犬。一气之下，她给朋友B下了最后通牒——再也不许和朋友A来往，否则就不要再回这个家。

要说那只狗的悲剧，和朋友A还真是没什么关系，但谁让他这乌鸦嘴说出的话偏偏就应验了呢？所谓祸从口出，说的就是这个道理。就这样，朋友A被朋友B拉进了黑名单，友谊的小船说翻就翻了。

事实上，这样的事情还有很多。比如人家孩子考试，他就口无遮拦地说："哎呀，你家孩子可别考砸了！"得知人家玩股票，他就说："现在是熊市，一不小心，你就要血本无归了！"……

朋友A也只是开玩笑地随口说说而已，可事实上，他的"随口说说"，恰好是不会表达的体现，也是他招人厌烦的根源。

语言真的非常神奇，即使同一个意思，如果表达方式变了，给人带来的感受也是完全不同的，甚至是截然相反的。当然，结果也必定是不同的。

道理大家都明白，但在我们周围也确实存在不少这样的人。他们在表达的时候不注意方式，时常因为不会说话，堵住了自己与别人之间形成良好关系的路。

有这样一个女生，她是典型的话题终结者。不知道她是不会说话，还是为了显示自身的优越感，总之，每次和别人说话的时候，她总是话中带刺，不是讽刺这个就是怼那个。

有人说附近开了一家新的川味餐馆，想约几个朋友一起去试试，结果她一句话就把人家堵得无话可说："那有什么可吃的！你们真是没见识，真想吃地道的四川美食，就应该去四川当地的餐馆！我之前就去过成都，那里……"

有人正讨论这一季流行的发型，并且跃跃欲试，想跟个流行、追个时尚。结果，她不以为然地说："追流行有什么用？想要时尚，还得看颜值。颜值低的话，做什么发型也不管用。"

你是不是觉得这个女生的表达方式很可怕？没错，听到这样的话，你立刻会产生一种远离她的冲动。事实上，她不仅在生活中无法获得朋友的喜欢，在职场上也寸步难行，久久得不到领导重用。

　　说真的，表达自己，说起来简单，可事实上做起来并不简单。要不然也不会有那么多人都败在了不会表达上。

　　我们如果想要摆脱失意，步入得意的人生，就提升自己的表达能力吧！只要学会了巧妙地表达自己的想法，好运自然就会与你相伴。

第 2 课

心理伤

这些年默默无闻，就是吃了不会说话的亏

一个人不会表达，真的很吃亏。不会表达，表面上是口才的问题，实际上却是心理的问题。不自信、没勇气、社交恐惧……这些都是表达自己的障碍，若不克服这些心理障碍，你就只能一辈子默默无闻了。

怯场不是病，
严重起来却很要命

由于自尊心的驱使，每个人都希望在他人面前展现出智慧、聪敏的一面，能够轻松自如地表达自己。

但是不管是谁，或多或少都有过紧张、怯场的情形，比如见到领导就紧张、在陌生场合感到不自在、上台演讲时心里打鼓等。对此，性格外向自信、心态积极乐观的人可能不会太当回事，并且还会积极弥补这个缺陷。但是性格内向自卑、容易胆怯害羞的人就可能在心里留下难以抹去的阴影。因为他们把怯场、不善于表达不是当成了自己的标签，就是当成自己胆小、懦弱的挡箭牌。于是，他们会不自觉地逃避，逃避与陌生人、不太熟悉的人交流，逃避在他人面前表达自己。除非迫不得已，他们都不会主动表达自己的想法，最后形成恶性循环，变得越来越内向、害羞。

朋友的弟弟晓飞就是一个明显具有躲避倾向的性格内向的人。

　　在学校读书的时候，老师就曾经多次告诉晓飞的父母："这孩子学习成绩很优秀，可就是有些害羞，不敢向老师提问题。每次点名让他回答问题，他还没站起来脸就红了，说话声音很小。学校举行篮球比赛，大家都疯狂地为自己班级的球员呐喊助威，而他只是小声地'加油'。"

　　想象一下这样的画面：旁人都兴奋地呐喊，而一个害羞的男孩小声地说"加油"，这个男孩是不是显得有些格格不入？虽然老师和家长多次鼓励他大胆说话，但他依旧无法放开，一遇到表达自己的时候就怯场。

　　年纪稍微大些之后，晓飞害羞的毛病有所改善，变得比较活泼、健谈，可这仅限于在熟人面前。在陌生人面前或者陌生环境里，他就又回到了小时候那种内向、害羞的状态——遇到老师，他羞怯地打招呼，头都不敢抬起来；他学习成绩优秀，同学们都推选他做班干部，可他因害怕在同学们面前做就职演讲而放弃了；大学时期，绝大部分同学参加了各种社团，活跃于校园的每一个角落，他却什么活动都不参加，每天三点一线——教室、宿舍、食堂；就连遇到心仪的女孩，他都没有勇气去表白……

　　在校园里，一个人内向些、害羞些，还不算大问题，毕竟校园生活是比较简单的。可一旦进入社会，我们如果还不能很好地表达自己，一说话就害羞，一与人打交道就怯场，就可能寸步难行。

　　按理说，晓飞学习好、成绩优秀，应该很好找工作，可他却败在不会表达上，因为他连面试这一关都过不了。别人都自信满满地进行自我介绍，尽量多向面试官展现自己的优势和才华，可晓飞一见到面试官，心里就开始打鼓、双手冒汗。他进行自我介绍时，把原本已经烂熟于心的词忘得一干二净，只能磕磕巴巴地说出自己的姓名和专业，之后就大脑一片空白了。

就拿某次面试来说吧。那一天，晓飞接到了某公司的面试通知。这个公司在业界有些名气，规模也不小。他一边准备相关资料，一边为自己打气："这一次，我一定要冷静，避免紧张害羞。只要我不怯场，很顺畅地进行自我介绍，就肯定能拿下这份工作。"

这样的自我打气果然起了作用。一开始晓飞的表现还不错，面试官对他比较满意。可在面试中途进来一位西装革履的中年男人，面试官们都站起来，客气地打招呼："总经理好！"其中一位面试官对晓飞说："这位是我们公司总经理，觉得你条件还不错，想进一步了解一下你的情况！"

这时，晓飞立即慌了神，额头冒出了冷汗。总经理笑着说："你不要紧张，我就问两个问题。"可总经理越是这样说，晓飞就越紧张，自然也无法很好地回答问题。

结果可能你也想到了，晓飞又失去了一次宝贵的机会。面试结束时，那位总经理真诚地说："从你的成绩来看，我相信你的工作能力不会差。可你要知道，工作能力不仅包括专业能力，更包括表达能力、心理承受能力。事实上，在社会上闯荡，后者显得更重要。如果你不能克服自己的缺陷，就很难在社会上立足，更别说什么取得很好的成绩了！"

是啊！这位总经理说得没错。如果不能或不敢很好地表达自己，没有应对他人的勇气和自信，那么这个人为自己创造的交际圈会非常狭小，做事成功的概率也会非常低，甚至寸步难行。

诚然，每个人可能都会怯场。因为在遇到陌生人和陌生场合的时候，每个人都会产生紧张、恐惧的心理。可自信、勇敢的人能够及时调整自己的心态，战胜内心的紧张和恐惧。而自卑、害羞、怯懦的人就不一样了，他们会选择逃避，然后让这种心态在内心不断蔓延，直至淹没自己。

最关键的是，他们会把自己的不善于表达归罪于内向性格本身，觉得自己无论如何也无法克服这一缺陷，一生就只能这样活下去。

在这里，我要告诉这些人：事实不是你们想的那样，你们的怯场、害羞，其实就是一种心理病，源于你们的自卑和恐惧。换句话说，是否能够在交际场合顺利地与人交谈，更大程度上取决于你们是否具备与人交往的勇气。

那些善于表达自己、在别人面前侃侃而谈的人都不是天生如此，事实上很多人都是积极地战胜自己的弱点，凭借着后天慢慢的积累才有了变化。萧伯纳是人人知晓的戏剧作家，世界著名的擅长幽默与讽刺的语言大师，可他年轻时却是个不善于表达、容易怯场的人。那时候，他羞于见人，胆子很小，即使受邀去别人家中做客，他也总会在大门前徘徊半天，迟迟不敢敲门。但是他敢于挑战自己，努力完善自己，终于成为世界上出色的表达者。

美国最伟大的推销员弗兰克说："如果你是懦夫，那你就是自己最大的敌人；如果你是勇士，那你就是自己最好的朋友。"怯场不是病，严重起来却很要命。可真正要命的不是怯场本身，而是你只知道逃避和认命，没有勇气和魄力去改变它。我们一味地顾影自怜、自轻自贱是没有任何用处的，只有与怯场划一条"三八线"，把自卑、懦弱趁早赶走才是正道！

一见领导脑麻痹，
流产多少好建议

"为什么我一见到领导就紧张？难道我就那么胆小吗？"深夜时分，一个相熟的妹妹给我发来信息，而这句话她已经不是第一次说了。

这个妹妹已经不是一个职场菜鸟，她在职场打拼两年了，而且能力也不差，个人形象和表达能力都挺好，跟身边的同事相处得也很好，不算是内向、不善言辞的人。可她偏偏就害怕见领导，每次和领导接触的时候，都会出现语言交流障碍，不是打磕巴就是思维混乱，之后还会出现焦躁不安、心跳加速的情况。

开始我还猜测，妹妹的领导肯定比较严厉、不苟言笑，对下属要求特别严格，可事实并非如此。据妹妹说，那位领导挺和气的，平时谈笑风生，和下属打成一片。即使如此，妹妹在面对领导的时候也会紧张害怕。刚开始，领导给她布置任务时，她根本不敢看领导的眼睛，脸红、心跳、出虚汗等一系列身体反应都会不由自主地出现，结果根本听不清领导说了什么，也不知道领导让自己做什么。

回到座位上后，她有好几次想再去问问领导，可始终也无法鼓起勇气。这样一来，任务完成得自然很糟糕，她因此遭到了领导的批评。这时妹妹心里就更害怕了，工作起来如履薄冰，生怕让领导不满意。

妹妹慢慢改变自己，这种情况开始好转起来，她起码能和领导对话了。可她平时还是能躲则躲，尽量避免和领导打交道，就别提什么在领导面前表现自己、和领导谈笑风生了。公司开会时，领导让大家踊跃发言，本来她心中有好的想法，却因为胆怯而放弃了发言；和领导讨论工作时，她即使有不同的看法也不敢提出来，只用"嗯嗯""知道了"几个简单的词来回答；工作之余，领导请大家吃饭、娱乐，她总是坐在最不起眼的位置……

妹妹说，她非常羡慕能和领导有说有笑的同事，也想努力改变自己。她时常告诉自己"领导挺和蔼的，有什么可怕的"，可一到关键时刻就放不开自己，表现得非常怯懦。

时间久了，她在领导面前变成了透明人，而且从未得到过领导的当众表扬，更别说被赏识和提拔了。两年下来，和妹妹一起进公司的同事，有的成了业务骨干，有的成了部门主管，只有她还在原地踏步。

其实，妹妹惧怕领导的行为已经影响了她的职场生涯，并且使其产生了逃避、恐惧等一系列的心理反应，给她的精神也带来了痛苦。她时常无奈又痛苦地向我倾诉："为什么我这么胆小，难道我就只能做个透明人？！"

工作中，很多人怕领导，一见到领导就紧张。这是一种很正常的表现和行为，叫作"权威恐惧症"。在普通人眼里，领导就是权威的代表，就像我们在生活中也害怕父母、老师、长辈等角色一样。坦白说，面对领导，我们与其说是怕，不如说是敬畏、尊重。它不仅不会影响我们的生活和工作，更不会给我们带来痛苦。

可妹妹却不是如此，她对领导的害怕显然已经形成心理疾病，若不能及时克服，恐怕很难在工作中有所作为。

生活中也不乏这样的人，他们一见到领导就内心打怵，不能很好地表达自己，甚至不能做好本职工作。这样的人自然受人冷落、不被重视，无论升职还是加薪，都会被忽略，一直在职场上默默无闻。

如果你像我的妹妹一样害怕领导，我劝你尽快改变自己。纵然这种害怕的感觉不可能一两天就消失，你也不可能短时间内从害羞、不善言辞的人变成自信、侃侃而谈的人，但只要你能慢慢地说服自己，提升自己的自信心和表达能力，便可以使这种"症状"减轻。

在这里，我给大家提几个建议：

1. 说服自己，把领导当成普通同事

很多人之所以害怕领导，是因为他们总是给自己这样的心理暗示：他是我的领导、高不可攀，我不能得罪他、不能在他面前说错话……这些心理暗示使得他们越来越胆怯，一见到领导就不知所措。

事实上，我们可以给自己一些正面的心理暗示：他是我的领导，也是一个普通人，我没有必要怕他。领导也是同事，我可以把他当成"办公室的小王"。如果你不过分强化领导的权威性，就不会那么恐惧了。

2. 提升自己的实力，让领导看到你的能力

因为没实力，所以没自信；因为没自信，所以没勇气；因为没勇气，所以你见到领导就害怕。简单来说，你之所以害怕领导，不能自如地表现自己，就是因为你自知没能力、没实力，害怕领导看不上你、批评你。

你若能力强，工作做得比谁都出色、认真，自然比谁都有自信和勇气，这时候还会怕领导吗？所以，想克服"领导恐惧症"，你就应该提升自己的实力，让自己成为最出色的员工。

3. 明知山有虎，偏向虎山行

聪明人越怕什么就越会做什么，因为他们知道只有克服了这种恐惧，自己才能真正获得成长。所以，你不妨多和领导接触，即使很紧张，也要积极主动地创造条件多和领导接触，比如多找领导汇报工作、征求意见，平时多和领导打招呼等。如果你不敢一个人去，就拉上要好的同事，让他给你壮胆。

与领导接触多了，习惯了，恐惧程度自然就会减轻，到时候你就可以提升自己与领导沟通的能力了。

总之，你在领导面前不敢表现自己，就是拱手把机会让给别人。这样一来，即使你身怀绝技，领导也无法了解你、注意到你。你有再强的能力也毫无用处，有再好的机会也不会落到你头上。

只有战胜自己的弱点，大胆地在领导面前表现自己，你才不会变成职场透明人。

当众发言心发慌，
如何治愈临场紧张

不管你承认不承认，口才好、善于表达自己的人，不管走到哪里都能抢占先机。即使你脑袋里有一大堆东西，可是一发言就语塞、一登台就心慌，也毫无用处。

很多人私底下比较健谈，能够和朋友、同事畅快地聊天，可一当众讲话，他就慌了，甚至紧张到手脚都不知道摆放在哪里。

或许有人会说，我又不是演说家，也不是大领导，根本没有机会当众演讲。你还别这样说，不管在生活中还是职场中，所有人都避免不了当众发言，而这并不仅限于当众演讲。比如，在学校里，回答老师的问题需要当众发言吧；朋友聚会之时，大家让你唱个歌、说个笑话，需要当众说话吧；就连饭桌上你去敬酒都无法避免当众说话；在职场中，会议发言、提出意见、讲解PPT，哪一个不需要当众发言呢？

我想说，不要小看这个问题，你若无法治愈临场紧张的毛病, 就会让自己陷入社交恐惧的深渊之中。如果这种心理得不到调节和克服, 就会越来越严重, 使你备受折磨。你会对自己越来越没有信心, 不敢在人多的地方说话, 甚至一想到当众发言就心跳加快、头冒冷汗, 痛苦不堪。我高中时期的同学魏阳就曾经深受这个问题的折磨。

刚认识魏阳的时候, 我觉得他是一个非常腼腆害羞的男孩。他虽然性格内向, 不善于表达, 可为人随和、宽容, 对同学们是有求必应。他虽不怎么主动和人说话, 可无论谁和他说话、打招呼, 他都积极地应答。所以, 虽然他不善言谈, 但人缘非常好。

可就是有一点, 他不敢在众人面前说话。每次老师让他站起来回答问题, 他都满脸通红, 也站不直, 恨不得把头钻到桌子底下。在魏阳的内心深处, 他是很期待能够在所有人面前滔滔不绝地讲话的。可是期待归期待, 每次当众说话他都备感不适, 紧张得要命。

高三的时候, 班级里选班干部, 魏阳希望趁这个机会锻炼一下自己, 很期待自己当选。看他信心满满的样子, 我们觉得他肯定能战胜自己, 治愈自己的紧张综合征。

可我们想得都太乐观了。当他站在讲台上时, 整个人都不好了, 满脸通红, 拿着稿子的双手颤抖不停, 好不容易念完稿子后便逃离了讲台。事后, 老师对他说: "这里都是你非常熟悉的同学, 你不用紧张啊。" 他无奈地摇摇头, 说自己也不知道为什么。

高中毕业后，我们考入了不同的大学，我和魏阳的联系也中断了。可每次回想起他的经历，我都惋惜不已，不得不说，他若无法克服自己的心理障碍，恐怕现在也好受不了。

曾经我非常不理解魏阳这样的行为，多次问他："不就是当众说话吗，有什么可紧张的？"直到有一次一个同样有"当众发言恐惧症"的朋友向我剖析他的内心，我才明白这类人的无奈和痛苦。

那个朋友说："我非常羡慕别人侃侃而谈的样子，也希望自己能当众轻松自如地讲话、大谈自己的想法。我私下也对着镜子练习过，也想象过如何在众人面前发言。当老板让我讲几句的时候，我对自己说'你可以的，只要按照你练习的样子去做就好了'。可当我站起来的时候，我就怯场了，站起来好半天也没有说出一句完整的话。

"有一次，我和一个同事共同做一个项目，经过十几天的努力，终于赢得了甲方的认同。在谈判的时候，项目介绍完全是由同事主导的。他的发言得到了公司老板和对方领导的认同，合同很快就签了下来。最后，老板也让我讲几句，说我毕竟也是项目的策划人之一。我听了这话，脑袋轰的一声，说话吞吞吐吐，想好的无数具有说服力的言辞忘记了大半，而且说得前言不搭后语，搞得老板一点儿听的兴致都没有。

"事后，我懊恼不已。要说这项目，我比谁都熟悉，很多想法、构思都是我提出来的，可是为什么一到关键时刻，我就说不出来呢？我感到非常痛苦！"

其实，他之所以会出现这样的情况，还是因为练习得比较少。他因为知道自己不善表达，害怕出丑，所以不敢在大庭广众之下发言，生怕自己说得不好，遭到别人的笑话。结果越说不好，就越害怕、越逃避；越害怕、越逃避，就越说不好，从而形成一种恶性循环。

想要治愈临场紧张，就要多练习说话、多练习公众发言，哪怕失败了也要反复地尝试。一次失败，再试第二次，第二次失败，再试第三次，次数多了，紧张感就会慢慢地离你而去，你就能做到应付自如了。

事实上，一个人不管做什么事情，经过多次的训练都会越来越熟练。美国成功学奠基人、最伟大的成功励志导师奥里森·马登博士曾在他的传世名著《改变千万人生的一堂课》中写过这样一段话："不管胸存什么样的雄心壮志，都得先掌握驾驭语言的能力，有让人羡慕的好口才。你也许不能成为律师、医生或商界精英，但你每天都要说话，也就必然要运用语言的独特力量。"

说一个我们都熟悉的人——美国著名作家马克·吐温，他曾经是不敢在人前说话的一个人，更别提当众演讲了。谈起自己第一次在公开场合演说时，马克·吐温打趣说："我的嘴里仿佛塞满了棉花，脉搏跳得像奥运会中争夺奖杯的运动员。"可就是这样紧张、胆小的人，经过不断的练习，他终于突破了自我，成为世人皆知的大演说家。

你虽不想成为演说家，可你需要表达自己。所以，多练习、多鼓励自己吧！如此一来，你才能越来越自信，让紧张和恐惧逐渐消失。

你不说，
怎么知道你的话没分量

很多人都希望别人能爱听自己说话，以便全方位地展现自己。可也有这样的一些人，他们不善于表达，能不说话便不说话，能不表现自己就不表现自己。

他们是没有想法吗？不是。相反，这些人中不乏能力突出的人，可他们就是不敢表现自己。

学弟王瑞就是这类人的典型。虽然他是公司的技术骨干，业务能力在公司内数一数二，可就是没有得到更好的发展机会，甚至都没有被领导正眼瞧过。用他自己的话说，他就是一头默默耕耘的老黄牛，活没少干，力没少出，可就是不出众，不得主人的待见。

我不解地问他："为什么你不表现自己？既然你技术出众，有更好的方案，为什么领导征求意见的时候，你不大胆地发言？"

他挠挠头，说道："你不知道，这个世界上，有的人天生气场大，别人都愿意听他说话；有的人天生没有气场，说话没有任何分量，自然也就无法征服别人。我就属于后者。

"其实，我不是没有尝试表达。看见同事大胆地与领导交谈，畅谈自己心中的想法，我也非常羡慕。对于工作上的问题，我也有很好的想法和建议，但是，一想到自己人微言轻，就说不出任何话来了，仿佛所有的东西都卡在了嗓子眼里。

"看见同事们讨论问题，你一言我一语，我也想参加。但还没站起来，我便在内心中否定了自己：不，我的话没有分量，大家怎么会听我说话！还是算了吧。"

学弟王瑞很少表达意见，也很少提出问题，虽然有很多好想法，却让它们一个都不落地胎死腹中。虽然技术出众，却很少有机会独立完成项目，他自然也就没有了表现自己和出人头地的机会。

他反复地强调自己说话没分量，别人根本就不会把他当回事，结果就真的没有人把他当回事了。于是，他成了公司最不起眼的一个人。

没错，有人天生气场大，别人愿意听他说话；有人天生善于表达，能够主动地表现自己。可这样的人终归是少数，作为普通人的我们，难道就甘愿一直默默无闻吗？

要知道，你不表现自己，怎么让别人看到你的能力？你不说话，怎么让别人知道你说话的分量呢？你不说话，你怎么知道别人不爱听你说话呢？

大多数情况下，你选择了沉默、选择了不相信自己，就无法张开嘴表达自己。然后，你还不时地抱怨着：为什么别人不重视我？为什么我说的话没有分量？

可这不是你自己造成的吗？

你明明有很多想法，但关键时刻大脑一片空白，表达不出来或者不敢表达；你特别渴望表现自己，但就是缺乏表达的勇气，不断地否定自己，强调自己的不善于表达，然后让自己陷入紧张焦虑之中。

一个人只有敢讲话，才有机会。现在你必须努力地改变自己，建立强大的自信。有了自信，勇气就不会缺失，接下来你便可以大胆发表自己的看法，使别人认识你、了解你、接纳你、支持你。

从某种意义上讲，自信和勇气是一个人提升表达能力的关键，更是一个人把握大好机会的前提。无论是在职场社交中，还是在日常生活中，即使你再优秀、能力再出众、想法再独特，若缺乏了自信，好机会也不会落到你头上，到头来你只能一直默默无闻。

相反，你如果有了自信，那么你的生活和工作将是另外一种样子。

一次，一位朋友给多年的好友打电话，说知道他的公司正在招聘职员，想推荐一个远房亲戚前去尝试一下。那位好友满口答应下来，说反正自己的公司也缺人，如果那个亲戚条件不错的话，就可以帮朋友这个忙，成就一桩美事。

可没多久，朋友就接到了那位好友的电话，说他的这个远房亲戚看上去能力不差，学历也可以，但是表达能力不强，说话低声细语，好像喃喃自语一般，没有一点自信和朝气。

一听这话，朋友也想到了这个远房亲戚的缺点——平时说话缺少自信，几乎不敢主动和别人说话，更别说与人争论了。于是，他对好友说："确实，这个孩子有些不自信，可他确实是不错的孩子，平时成绩也非常好，能力也不差。要不然，我也不会推荐给你啊！你就再给他一次机会吧。"

好友只好答应再给朋友的远房亲戚一次机会。而我的这位朋友也特意给他的远房亲戚打了电话，让他说话自信些，抬头挺胸、提高声调，最重要的是勇敢地说出自己的想法和意见。朋友说："你不要怀疑自己，要尝试着对自己说'我是优秀的''我的能力不差''我要大胆地表达自己'。"最后，朋友的远房亲戚被录用了。不久之后，他发生了彻底的改变，成为那个好友最得力的助手。

可以说，不管你是平凡普通，还是出类拔萃，关键在于你是否能够自信地表现自己。所以，在怀疑自己的话没分量之前，不如先提升自己的自信。

你只有大胆地说了，才有可能让自己的话有分量。而你不说，永远也无法让自己的话有分量，更无法知道自己的话是否有分量。不是吗？

摆脱社交恐惧，
别辜负那么出色的自己

喧闹的饭局，别人都与身边的人谈笑风生，而你只想找一个安静的角落坐着，甚至不希望别人找自己说话。

你渴望像其他人一样能够在会议上提出自己的想法，你确实也准备了很多想法，渴望发出自己的声音，可是当发现这样做会使所有人都关注你的时候，就又把组织好的语言咽了回去。

远远地看着领导与同事们正在等电梯，还高兴地讨论着什么话题，因为不知道怎么打招呼，所以你不自觉地放慢了脚步，直到电梯门都关闭了，你才快走几步进入了另一个电梯。

……

看吧！对于绝大部分人来说，与人交往是再正常不过的事，甚至很多人还乐在其中，因为如此一来自己才能结交更多的朋友、获得更多的机会。可有些人不这样想，这些社交活动对于他们来说，就是一种极大的负担，让他们极力想要逃避。

颜颜是我新认识的一个姑娘，在一家律师事务所做文秘工作。刚工作不久，她就发现自己身上存在很多问题，甚至无法融入职场。

颜颜性格有些内向，和人交流时总是很害羞。虽然她是新职员，可由于事务所事情多，她每天都会加班到深夜，一旦出现些小问题就会遭到老板的批评。同事们工作也非常繁忙，没有时间关照她。

时间久了，颜颜的心理压力越来越大，每天都担心老板会骂自己，担心同事们不喜欢自己。慢慢地，她越来越内向，不与别人交流和沟通，时常是默默地做自己的事，一天也说不了半句话。中午吃饭的时候，她也总是独来独往，从不和大家一起去。即使公司有活动，她也总是找事由逃脱。如果有必须去的活动，她即使参加了，也是默默地坐在角落里，不想引起别人的注意。

不仅在公司如此，在生活中，她也发生了很大变化，不愿意和别人交流，除非是最要好的朋友约自己，否则她都不会出门，就更别提参加什么聚会了。这让颜颜越来越孤独、不合群。原本很关心她的几个朋友，也渐渐地因为她的疏离而同她疏远了。

其实，颜颜的内心很苦恼，她想要改变这种状态，想融入工作环境，与周围的同事多交流，更渴望能多交朋友。可是，一想到自己不优秀，无法赢得别人的喜欢，她就害怕极了，对社交充满了恐惧。

这是典型的社交恐惧，像颜颜这样的人在生活中有很多。因为社交恐惧，他们交不到朋友；因为社交恐惧，他们无法融入职场；因为社交恐惧，他们的才华缺少了施展的空间……

可实际上，他们也想表达自己，也想融入别人的圈子，可一旦与别人打交道，尤其是遇到人多的场合，他们就会不舒服，甚至有逃跑的冲动。

什么是社交恐惧症呢？

虽然社交恐惧症更容易"青睐"内向者，一提到某某有社交恐惧症，我们的眼前立马会浮现出一个内向、害羞的形象。可据我所知，内向和社交恐惧症并不能混为一谈。这是为什么呢？

因为内向是性格使然，看看我们身边性格内向的人，你会发现，他们大多容易害羞，喜欢一个人独处，不愿意和别人说话。对于他们来说，不表现自己，是一种舒服的状态，不会产生心理负担。

可患有社交恐惧症的人就不一样了。他们因为非常想融入社交场合，可又担心自己出丑、别人看不起自己，所以不得不选择逃避。当他们选择逃避的时候，内心是矛盾的、焦虑的。

简单来说，表面上他们是恐惧社交，实际上是排斥自己，他们惧怕别人眼中的自己，怕别人对自己持有否定看法，也怕遭到别人的拒绝。因为他们自卑、懦弱，又过于在意自己在别人眼中的形象，担心自己出丑，所以社交恐惧症就自动找上门来了。

看到这里，或许有人会说："哎呀，我就有社交恐惧症，在人前说话是我的弱项，就别提什么表达能力了。我还是别想有什么出息和前途了，这显然比登天还要难！"

事实真的是如此吗？其实未必。

社交恐惧症并不是那么可怕。你若不断增强信心、肯定自己，不断提升表达能力，让自己变得说话更大胆、更自如，就会慢慢地克服与别人交流时的恐惧情绪。

方锐也是一个性格内向的人，但让大家没想到的是，他居然在职场混得风生水起。在最近的部门经理竞聘演讲中，他凭借出色的竞选演说打败了几名竞争对手，成功赢得部门经理一职。

事后他对人说："我性格内向，从小语言表达能力就不太好。正因为如此，我害怕与人打交道，甚至还有些社交恐惧心理。可我自己心里也明白，如果改变不了这一点，自己就可能前途渺茫。"

于是，他决定改变自己。他不善于表达，没关系，只要敢于突破自己，多加练习，一定能提高表达能力；社交恐惧，也没有关系，只要不断给自己信心，让自己自信、勇敢起来，问题也能解决。他每天在提高自己的语言表达能力上下足了功夫。我们大家都看到了结果：他成功了，摆脱了社交恐惧，克服了恐惧和自卑，为自己赢得了他人的肯定和敬佩。

毫无疑问，表达能力强的人，能赢得更多机会；而表达能力差的人，别人听你说话都听得一头雾水，又怎么能关注你呢？所以如果不想辜负了自己，我们就提升自己的表达能力、摆脱社交恐惧吧！

第 3 课

倾听力

倾听与表达，
是高效沟通的捷径

倾听与表达，一静一动，是沟通必
不可少的两部分。听与说，都是你
必须具备的能力。一个人只有学会
了倾听别人，提高倾听的意识和能
力，才能让别人愿意听你说话，并
且让彼此保持在同一个频道上。

希望有人倾听，
是所有人的心声

平日里，我们经常听人抱怨，有时候自己也会抱怨："为什么表达自己那么难？我说话流利顺畅，为什么别人还是不愿意听我说话？"

其实，问题的关键就在于你太在意"自己"本身了。

为了表达自己，你把关注点全放在自己身上，心里总是惦记着：一定要把话说得漂亮些，不能让对方忽视我，更不能让对方笑话我。这样，你自然就忽视了对方，不能认真地倾听对方说话。在对方说话的时候，你总是心不在焉，随便点头附和，有时甚至不等对方说完就迫不及待地把话头抢了过来，然后自己滔滔不绝地说。

没错，每个人都想表达自己，可一个人如果只想着表达自己，却忽视了倾听他人，恰恰也是一种不会表达的体现。

要知道，希望有人倾听，是所有人的心声。一旦这种被倾听的欲望得不到满足，人们就会万分痛苦，甚至还可能出现过激的行为。

很久之前，我听过一个故事。一年圣诞节，一个美国男人为了和家人团聚，费了很大的力气才买到回家的机票。一路上，他的心情非常愉悦，幻想着和家人吃火鸡、载歌载舞，幻想着孩子们看到圣诞礼物时的兴奋情景……

突然，一阵剧烈的晃动打破了他的幻想。空乘人员说飞机遭遇了猛烈的暴风雨，随时随地有坠毁的可能。一瞬间，整个机舱陷入尖叫、哭泣之中。这个美国男人也陷入了恐慌、不知所措的情绪中。

在这万分危急的时刻，空乘人员虽然也被吓得脸色煞白，但依旧尽力安抚全体乘客，告诉大家一定不能慌张，要保持乐观的心态，尽量将头靠在座椅背上不动。幸运的是，经过几分钟的颠簸之后，飞机终于恢复平稳的飞行，最后平安着陆。

这个美国男人死里逃生，回到家之后异常兴奋，不停地向妻子描述自己的经历和心情，并且满屋子转着、叫着、喊着……然而，他的妻子和孩子正沉浸在节日的喜悦中，根本没有注意听他说了什么。

这个美国男人滔滔不绝地说了一会儿，发现根本没有人注意听他说话，死里逃生的巨大喜悦和被冷落的孤独形成了强烈的反差，就在妻子准备圣诞大餐的时候，他爬到阁楼上，用上吊的方式结束了自己的生命。

这是一个悲剧故事。这个美国男人虽遭遇空难，但死里逃生，是多么的幸运啊！可是，他的这份幸运却被妻子打破了——妻子只顾着享受节日带来的喜悦，忽视了他的倾诉，忽视了他遭遇空难之后悲喜交加的复杂心情。这种忽视严重到使他彻底陷入绝望之中，沮丧之余他选择结束了好不容易从死神那里抢过来的生命。

这也告诉我们，无人倾听的恐惧和痛苦比空难带来的恐惧和痛苦更严重。每个人都渴望倾诉，渴望别人能倾听自己的表达，尤其是遇到大喜、大悲或特别的事情时。一旦这种倾诉的欲望无法得到满足，内心就会瞬间被摧毁。

这就是为什么你的朋友在升职时总是喜欢找你庆祝，在失恋时总是喜欢让你陪着哭泣；这也是为什么祥林嫂总是喋喋不休，李白、杜甫总是放声高歌；这也是为什么自闭的人很难走出内心的牢笼，使自己一步步走入人生的深渊。

因为有了倾诉的欲望，所以我们就有了交友的渴望。可是，不要忘了，你想向人倾诉，别人同样想向你倾诉。如果你忽视了这一点，不仅无法与别人建立良好的沟通关系，还可能成为一个不讨人喜欢的人。

明白了这个道理，我们就应该学会倾听他人、满足他人的倾诉需求。如果你还没有这方面的能力，就立即去培养吧！只有学

会了倾听他人说话，懂得了解他人的内心和感受，你才有可能会成
为受欢迎的人。

倾听也是一种语言，还是一种比诉说更完美的语言。戴
尔·卡耐基对很多人说过："如果希望成为一个善于谈话的人，
那就先做一个善于倾听的人。"

当你因不善表达而苦恼时，或因无法打动对方而困惑时，不
妨仔细地回味一下：我有没有认真倾听他人说话，还是只顾着自
己说话？我是把注意力放在别人身上，还是以自我为中心？

你要如何听，
对方才肯说

很多时候，人们想成为一个智者，显示自己的聪明和能力，可因为用错了方式，反而让自己成了愚者。

不知道你是否遇到过这样的人：他很聪明，口才也不错。于是，他为了显示自己的聪明和口才，在任何场合都滔滔不绝地说自己的想法、说自己的理想、说自己知道的所有事情……

他自认为很聪明，要把自己的聪明表现出来。殊不知，光说不听的人是最愚蠢的，永远也无法受到欢迎和尊重。你看哪一个滔滔不绝者受人青睐？哪一个不善于倾听的人又能受人尊重？

智者之所以能称为智者，是因为他们说话时不仅仅是因为自己想说，更不仅仅是为了表现自己。更重要的是，是因为他们不仅会说，还会听。

我的一个朋友菲菲，在朋友圈里人缘非常好，大家都喜欢和她聊天。当然，不单单是我们这群朋友，凡是认识她的人，不管是来自生活中还是职场中的，都喜欢和她聊天。我们时常开玩笑地说："你简直就是一个万人迷啊！"

你肯定以为菲菲能说会道吧？要是你这样想就错了。事实上，菲菲并不是那种善于表达的人，客观地说，她甚至并不是一个很爱说话的人。

那么，她究竟有什么样的魅力，能让所有人都喜欢她呢？大家为什么喜欢和她聊天呢？很简单，因为她善于倾听。

有一次，菲菲的同学失恋了，她们几个要好的舍友聚在一起，打算好好地开导这个同学一番。

为了让这个同学内心好受些，舍友们纷纷义正词严地声讨起她前男友来。"这样的渣男，你还是同他分了好。我一开始就觉得你们性格不合，早分手早解脱。""没错，天涯何处无芳草。只有离开了渣男，你才能找到更好的。""你不要哭了！哭有什么用！要不要我们给你出出气？"……

可是，舍友们说了一大堆，这个同学的情绪依旧没有好转，她反而越哭越凶。大家没有办法了，只能让她自己冷静冷静，然后就离开了。只有菲菲留了下来，轻轻地说："我也不会说什么，不过我可以听你说。你有什么委屈就和我说吧！"

听了菲菲的话，这个同学"哇"地哭出声来。菲菲没有说什么，只是默默地陪着她。不一会儿，这个同学停止了哭泣，和菲菲诉起苦来，说自己的委屈、前男友的问题……

第二天，这个同学的情绪竟然好了很多。从此之后，她更愿意亲近菲菲，有什么事情都喜欢和菲菲说。

还有一次，一个朋友从欧洲旅行回来，带回来不少礼物，便约了一些朋友出来聚会，顺便分发礼物。谈话间，朋友们纷纷问这个朋友去了哪些地方，有没有遇到非常有趣的事情。

这个朋友便兴致勃勃地讲起来，从爱琴海说到普罗旺斯，从德国说到意大利。没过多久，另一个朋友突然说道："菲菲，你之前不是旅游编辑吗？我记得你好像写过关于欧洲的游记，写得非常有意思。你当时都去了哪些地方啊？也和我们说一说吧！"

菲菲没想到自己会被点名，愣了一下。看到大家都看着自己，尤其是那个从欧洲回来的朋友，她不好意思地说："是的，我之前确实去过几个地方，不过都是好久之前的事情了。"

她突然话锋一转，对从欧洲旅行回来的那个朋友说："我是几年前去的，现在一定和那时候有很多不同吧。你和我们说说呗，你这趟旅行怎么样？有没有印象特别深刻的地方？在意大利遇到浪漫的帅哥了吗？"

那个朋友听菲菲这样说，又重新燃起讲述的欲望。接下来的时间里，几乎都是她在讲自己这次欧洲旅行的见闻。菲菲呢？只是不时附和几句，或感叹一番，然后微笑地认真倾听。而我们大家也听得非常开心，偶尔开一些小玩笑，"有没有邂逅爱情"　"有没有遇到尴尬的事情"　"遇到语言不通怎么办"……

　　说实话，在那场聚会中朋友们都很开心。当然，最开心的还是从欧洲旅行回来的那个朋友。因为每个人都会喜欢有人愿意听自己说，并且还是那种津津有味地听。这让她的倾诉欲望和自尊心得到了很大满足。

　　我相信，要是菲菲来分享她的旅行故事，一定比那个朋友更加精彩。这一点毋庸置疑，毕竟她曾经多次前往欧洲，对那里的风土人情更熟悉，而且写的游记也非常吸引人。

　　在被别人点名时，菲菲不愿意抢了朋友的风头，聪明地把话题又抛给朋友，自愿成为一名倾听者。这就是菲菲受人欢迎的原因。

　　在一场谈话中，在乎自己的感受是重要的，但与满足别人的感受相比，自己就应该处于次要位置。因为你满足了对方的诉说需求，把谈话的主角身份让给对方，双方才能进行更好的沟通和交流。

　　当然，听不是被动接受，更不是不动脑筋地附和。是做一个认真的倾听者，还是做一个呆板被动的倾听者，其结果具有天壤之别。你若认真倾听，对方的倾诉欲望就会被激发，兴致勃勃地讲述自己的想法；你若对对方的话一点儿反应都没有，即使对方有再多话想讲，恐怕也提不起兴趣。

所以，大家不妨记住我的两个建议：

1. 专心听的同时，眼神的交流和适当的回应是不能少的

因为谁也不想别人对自己的话题不感兴趣，所以我们在倾听他人说话时要认真、专心，多与对方进行目光交流，并且做出适当的回应。

卡耐基说："做个听众往往比做一个演讲者更重要。专心听他人讲话，是我们给予他人的最大尊重、呵护和赞美。"

但是我们也要记住，给出回应不等于随意插话、打断对方的谈话，这不仅不礼貌，还会让对方失去倾诉的欲望。即使你不同意对方的看法，也要等对方说完之后再谈自己的观点，这才是正确的选择。

2. 控制自己的情绪，切不可表现出不耐烦

很多时候，人们一说起话来，尤其是自己感兴趣的话题或自己的成绩，就有些刹不住车。这个时候，你或许已经感到厌烦，可是也尽量不要表现出不耐烦的情绪。毕竟每个人都渴望表达自己，想要尽情地诉说自己的想法。

我们耐心听人把话说完，是对别人的尊重，更是自己有修养

的体现。倘若无法控制自己的情绪，次数多了，谁还愿意找你倾诉，哪一个人又愿意和你交往呢？

总之，你想要说，就要先学会听。我们只有提升倾听意识和能力，才能实现高效沟通。

你要如何说，对方才会听

很多人认为说话很简单，只要说出自己的想法就可以了。可事实真的是如此吗？我们说话一方面是为了表达自己，另一方面是为了让别人听。如果别人不听，我们说话就变成了自言自语，那么我们说的话还有什么意义呢？

自己说的话让对方喜欢听，然后引导对方尽情地说出自己的想法，才是聪明人的说话之道。毕竟，在这个世界上没有谁喜欢自言自语。人与人沟通的关键就是说和听，你说，我听，或者我来说，你来听。

可你如何说，对方才愿意听？如何说，才能勾起对方的说话欲望呢？不妨看看蔡康永是如何说的。

蔡康永特别会说话，他说话时总能带给人一种亲切、轻松的感觉。他的提问也很温和，能够在不经意间触到别人内心深处最敏感的那一点，使对方愿意向他倾诉心声，甚至谈论平时不愿意谈论的话题。

成龙接受过很多次采访，无论面对什么样的媒体，他都能侃侃而谈。可仔细品味起来，很少有人能真正触动成龙的内心，让他心甘情愿地吐露心声，但蔡康永做到了。

蔡康永在采访成龙时没有刻意去恭维他，也没有像其他媒体一样过多地询问其私生活，而是真诚地问道："拍电影累不累呀？"这简单的一句话，让硬汉成龙潸然泪下，居然哭了十几分钟。

这一句简单的问候，对于成龙来说，却具有不一样的意义——因为人们都关注成龙的成绩、成龙的功夫，很少关注他自身的感受。蔡康永对成龙这种朋友般的关心，让他深有感触，从而产生了倾诉的欲望。

很多人都应该学学蔡康永的说话之道，让自己把话说到别人的心窝里，说对方想听、喜欢听的话。可并不是所有人都能明白这个道理。有些人在说话时总是努力地表现自己，这也不是什么坏事，相反，这是一件好事。如同我们之前所说的，一个人只有善于表现自己、敢于表现自己，人生才能有所突破。

可一个人如果随意地表现自己，确切地说是卖弄自己、炫耀自己，那肯定就不是好事了。一旦你不加以注意，想说什么就说什么，就会给人留下"张扬""爱出风头""不靠谱"的印象。当别人对你产生这样的印象时，还会愿意听你说话吗？还会愿意和你真诚地交流吗？

我这不是随便说说，而是因为一个朋友的经历有感而发。这个朋友为人十分热情，很喜欢表达自己。

一次，我和同事谈事情，恰巧遇到了这个朋友，便相约一起吃晚饭。席间，几个人一起谈天说地，这个朋友充分地发挥了他出色的表达能力，把气氛烘托得非常好。高兴之余，朋友越说越来劲，说起自己生意上的事情，还提起和自己合作过的大人物，比如某企业的董事长、某公司总经理、某单位的局长等。

我知道，这个朋友并没有吹嘘、炫耀，因为他确实认识很多成功人士。对于我来说，他就是一位十足的成功人士。可我的同事并不这么想，他所说的话就给我的同事留下这样的印象——虚荣、显摆、爱出风头，感觉不太靠谱。

事后，同事半开玩笑半认真地说："你这个朋友可真有本事啊！你瞧瞧，他一来就滔滔不绝地讲了起来，又是敬酒，又是讲笑话的，把气氛搞得多热闹啊！别人还以为他是聚会的绝对主角呢！

"他一再提及那些大人物，好像自己和他们有多熟似的，可我看着他也不像什么大人物啊！这种人啊，一看就满嘴跑火车，不靠谱得很！谁知道他是不是真的有本事、真的认识那些大人物！"

看吧！从一个人的言语中，我们未必能真正全面地认识一个人，可它已经给人形成了第一印象。不管我的朋友是否真的"虚荣""爱显摆""爱出风头""不靠谱"，其实都不重要了，至少我的同事认为，他就是这样的一个人。而且在很长一段时间内，我的同事都无法打破对他的这一坏印象。除非我的同事能够像我这样的老朋友一样，真正了解他的为人、品格。

可不幸的是，在人际交往中，尤其是陌生人之间，谁也没有耐心去深入地了解一个人，尤其是一个给自己留下不好印象的人。当觉得一个人说话不中听、爱显摆、夸夸其谈的时候，人们往往就会关闭沟通的大门，拒绝再听下去，就更别提继续深入了解了。

退一步讲，即使面对熟人、朋友，卖弄和随意表现自己也是不好的行为。在沟通的过程中，人的心理是很微妙的。每个人都希望得到别人的认可和重视，都希望别人能听自己说话，你若一味表现自己、突出自己，甚至不惜贬低别人来抬高自己，又怎么能获得别人的好感呢？

没有谁愿意看别人自吹自擂的样子，也没有谁爱听别人炫耀的言论。而且，你嘴里说出来的话，不仅是你内心的想法，还是别人看到的你自己。如果想让别人愿意听你说话、喜欢和你交流，你就应该说对方愿意听、喜欢听的话，同时还要做到谨言慎行，不卖弄、不炫耀。否则，你只会让人嗤之以鼻，敬而远之。

有些事你偏要说破，
对方可还愿意听

　　我常在朋友圈看到有人晒爱人、晒名牌、晒旅游照片，好像他们的生活总是一片欢声笑语、幸福祥和。可现在生活压力这么大，谁都知道生活不只有诗和远方，还有眼前的苟且，以及那些不愿人知的不满和失落。

　　即使如此，别人假装幸福，我们也要选择假装相信，然后送出祝福。生活已经如此艰难，我们又何必说破别人的窘境、拆穿别人的"谎言"呢？不管是无伤大雅的谎言，还是别人对美好生活的幻想，都只是人家自己在朋友圈的发泄抑或幸福瞬间的表达。人家并没有主动让我们评价，我们为什么非要凸显出众人皆醉我独醒的"睿智"呢？

　　然而，有些人不这样想，他们总是戳破别人，好像只有他们才拥有火眼金睛。朋友A就是如此。朋友B家庭条件并不好，结婚之后，房贷和养孩子带来的压力几乎压得朋友B喘不过气来。但因为朋友B性格开朗，什么事情都看得开，所以生活虽然比较辛苦，却不见她抱怨。

一天，朋友B在朋友圈发了几张海南的风景照片，蓝天白云、大海沙滩，还配上了一段文字：向往这一片纯净的海，向往这天堂般的生活。海南的蓝天白云，等着我吧！我将投入你的怀抱，尽情地享受你的美！

这条朋友圈下面几乎都是朋友们的点赞，大家祝福她早日美梦成真。可一个不和谐的声音出现了，就是朋友A："去海南，你也就只能向往了！除非你买彩票中了大奖！"

看着这嘲讽的话，我真的想扒开她的脑袋，看看她究竟是怎么想的！没错，大家都知道，朋友B家庭条件不好，也几乎没有能力到处旅游，可你有必要在公众平台说出来吗？人家只是说出自己的向往，在自己的朋友圈表达自己的情感，没有邀请你来评价，你为什么说出这样伤人的话？

不一会儿，朋友B回应了："嗯嗯，我努力买彩票中大奖！到时候肯定带着你一起去！"

知道她心里肯定不舒服，我私下给朋友B发了一条信息，说："这个人说话一直不知轻重，你不要太在意。"

朋友B回了个笑脸，说："我不会把这话放在心里，毕竟她说的是真话。不过，我已经把她的微信拉黑了，因为这样的朋友不值得交。"

有时候，有些事情自己心里有数就可以了，没有必要非说破不可，否则只能让自己陷入尴尬，并且招别人厌烦。

古人说："知人不必言尽，言尽则无友。责人不必苛尽，苛尽则众远。敬人不必卑尽，卑尽则少骨。"对于别人的伤疤，我们选择闭嘴，是高情商的体现，更是善良的体现。对于那些无关乎原则的错误、无伤大雅的谎言，为什么非要说破呢？更何况，朋友B并没有犯错，也没有说谎，只是在生活艰难的时候做一个美梦而已。

然而，不幸的是，像朋友A这样的人在我们身边有很多，他们只管自己说得痛快，该说的不该说的总是口无遮拦地一并倾出；他们十分较真，一旦对方犯了错误，就与对方争论到底，直到让对方闭口不言才罢休。

我认识一个人，他是朋友的一个同事。据我了解，他能力不差，口才也很好，算是朋友公司里才华出众的人。可奇怪的是，这个人并不受朋友及其他同事待见，身边几乎没有要好的朋友。开始，我非常不理解，可通过一次短暂的接触，我便明白这个人不受欢迎的原因了。

很简单，这个人说话常常让人下不了台。不管什么场合，他都要和别人论个短长，甚至不惜揭别人的伤疤。一天，朋友的另一个同事结婚，邀请大家前去参加婚礼，也让我帮忙照相、摄影。

婚礼主持人是一个年轻帅气的小伙子，说话非常幽默，也能活跃现场气氛。开场的时候，主持人说："我们都知道，新郎和新娘是青梅竹马。要说这'青梅竹马'啊，起源于宋代。据说宋代有一个女词人，她与丈夫从小一起长大……"主持人说得很认真，大家也听得津津有味。

这时，这个人站了起来，笑着说："主持人，你真的确定'青梅竹马'一词源自宋代吗？"

主持人回答说："当然了！"

这个人大声说："你可真会胡说啊！这个词根本不是出自宋代，而是出自唐朝诗人李白之手。你这是不懂装懂、误人子弟啊！"

主持人听了这话，只能尴尬地说："这位先生，您真是博学。不管它源自唐代还是宋代，我们的新郎新娘是青梅竹马没错吧……"

主持人显然想顾全大局，让婚礼愉快地进行下去。可主持人还没说完，他就打断了对方的话，说："这可不行！你一个主持人怎么能犯这样愚蠢的错误呢？让我告诉你吧，这个成语出自李白的《长干行》：郎骑竹马来，绕床弄青梅。同居长千里，量小无嫌猜……"说完，他得意地看着主持人，全然没有发现新郎新娘不悦的神色。

幸亏主持人情商高，有丰富的主持经验，随即笑着说："这位先生真是博学多才，我非常佩服。我相信，新郎与新娘小时候肯定和诗中描述的一样，两小无猜，快乐地玩耍。现在，我们就请新郎新娘回忆回忆美好的往事吧……"

就这样，主持人凭借幽默的语言又把现场气氛调动起来，让新郎新娘幸福地回忆往事。可敬酒时，新娘对我们微笑相迎，却独独对这个人黑着脸，他却不自知地说："新娘怎么对我摆黑脸，我怎么招惹她了？！真没礼貌！"

其中一个同事没好气地说："就凭你刚才闹的那一幕，谁都不会对你有礼貌！人家结婚讲究的是热闹、高兴，你为什么要挑主持人的错呢？"

他依旧不明所以，反驳道："他本来就说错了，我还不能指出来吗？"

这个同事继续说："主持人说错了，你自己心里明白就行了，为什么非要让人家下不来台呢？凸显你的聪明和博学吗？你要较真，也行，可是，为什么不考虑场合呢？人家结婚，你却不留情面地指责主持人，几次打断主持人的话，你让新郎新娘的脸往哪里放？要是把人家婚礼搞砸了，你负得起责任吗？"

在一旁目睹这一切的我，终于明白朋友这个奇葩同事没有朋友、人缘差的原因了。可想而知，他说话肯定没有几个人愿意听，即使再有才华，他的表达能力恐怕也是阻碍他人际交往以及职场发展的一个大问题。

为人处世，看破不说破，把握好知而不言的尺度，真是一种大智慧。说话时，什么话该说，什么话不该说，我们在心里都应该有个标准。尤其是别人不愿意听的话、得罪人的话，我们最好一句也不要说。这不是虚伪，而是一种做人的修养和智慧。

听出话中话，
应对才不会出岔

我们听人说话貌似很简单，可听出话中话，理解对方话语中的真实意思却并不容易。可以说，一个不能听出话中话的听众，不是一个好听众。因为你若不能在交流中听出对方的真实意思，不仅无法使交流继续进行下去，还可能导致自身言行失误，使自己陷入被动中。到那个时候，你被别人误会、怨恨了，都不知道原因；谈判破裂了，你还得意地以为自己成功了，傻傻地陷入一个人的狂欢之中。

当然，我们想听出话中话也不能完全靠感觉，更不能胡乱地猜测。因为一旦你猜错了，就会不可避免地产生误会，使得事情向着相反的方向发展。

说到这里，我想起一个朋友经历的事情。这个朋友平时大大咧咧，不善于倾听。倒不是他不愿意倾听，而是他没有这个"悟性"，算是不走心吧。总之，每次他听别人说话都能听出岔，闹出令人哭笑不得的笑话。

前一段时间，这个朋友遇到了自己喜欢的人，对女孩一见倾心。为了能追到女孩，朋友克服了害羞的心理，约女孩一起吃晚饭。他询问道："你今天有时间吗？下班一起吃晚饭怎么样？"

女孩回答说："晚上八点左右我才下班，你觉得是不是太晚了？"

乍一听，女孩好像在找借口，说自己需要加班，下班之后太晚了。可仔细品味之后，我们就可以理解这句话隐藏的信息：虽然我下班很晚了，但如果你不介意的话，那么我是愿意和你一起吃晚饭的。

结果，朋友完全误会了女孩话中的含意，以为女孩是在拒绝自己。他伤心地回应人家："是啊！这有点晚了，我们下次有机会再约吧！"

当朋友说出这个事情的经过时，我们几个人恨不得暴揍他一顿。可当朋友A说："人家这是答应你的邀约了，难道你没听出来吗？"这个朋友竟然愣愣地说："什么？这不是拒绝吗？我以为她嫌下班太晚了，不想和我出去吃饭！"

我好笑地问："那你觉得要是人家女孩说'晚上八点左右我才下班，太晚了吧'，是什么感觉呢？"

没等他回答，朋友A抢着回答："这才是拒绝的意思。女孩是在说，时间太晚了，我不愿意去！"

其实，这也不能完全怪我这个朋友。毕竟人们很多时候不愿意直接表露自己的真实意愿，往往会在语言中夹杂一些暗示拒绝或接受的信息。就像这个女孩一样，或许出于不好意思，或许出于矜持，总之她没有直接答应朋友的邀约，而是委婉地表达了自己的想法。哪知朋友是不善于倾听的人，结果发生了误会。

你要是不想重蹈我那位朋友的覆辙，就应该学会倾听，耐心、细心地去倾听，听出对方话中的潜台词。

说句实在话，这并不简单。除了个人的悟性，语言本身也不是一门简单的学问。很多时候，在一些字眼背后，往往隐藏着人所共知又不好说破的"奥秘"。就拿"你看着办"这句话来说，其中的意思是很耐人琢磨的。你可以把它理解为让你见机行事、灵活处理，当然也可以理解为对你产生了怀疑、不想再说什么话，甚至有些时候还有责备、威胁的意思。而这句话具体体现了说话者的什么意思，还应该看语境、语气、声调，以及对方的情绪。

古人说，"听其言，观其行，辨其意"。一个人只有认真地观察对方的表情，才能读懂对方的心思、听懂话里的潜台词。当然，古人之中也有很多善于倾听的人，他们总是能够从别人的话语中洞察其内心。战国时期一个名叫臧孙子的人就是这样的人。

当时，宋国国君偃想称王，齐国一听说这件事就不高兴了，想要打击打击宋国国君偃的威风，于是声称："你要是敢称王，我就出兵攻打你。"无奈之下，宋国只能派臧孙子向自己的"友军"楚国求救。可臧孙子心里也明白，这次的任务自己不一定能完成。因为宋国毕竟是小国，而齐国是一代霸主，楚国怎么会为了一个小小的宋国而得罪齐国呢！

没想到，当臧孙子说出自己的要求时，楚王竟然不假思索地答应下来。按理说，臧孙子心里应该踏实了吧，可他还是高兴不起来，认为这件事情并不简单。

见臧孙子依旧愁容满面，车夫不禁好奇地问："楚国已经答应发兵援救了，您怎么还不高兴呢？"

臧孙子说："我怎么能高兴起来呢？虽然楚王答应了会帮助我们，可是我觉得他肯定别有用心。或许，他表面上答应我们，是为了让我们坚定攻打齐国的信心。这样一来，我们就会牵制齐国的一些力量，等到齐国的力量被削弱时，他们就可以坐收渔翁之利了。要不然，楚国怎么会愿意为了我们得罪齐国呢？"

正如臧孙子所料，宋国和齐国开战之后，楚国迟迟不发兵，以致宋军连连失利。

臧孙子是聪明的，因为他知道宋国没有给楚国利益，楚国不会轻易发兵援救。在楚国国王一反常态答应得如此爽快的情况下，他听出对方只是说了一些场面话，实际上并不想出兵相助。正因为如此，他才没有被楚王那些场面话蒙蔽，提前想出了应对齐国的办法，使宋国转危为安。

可见，任何人在听别人说话的时候，千万不要只听表面意思，或根据一面之词就判断其话中的含意。只有听出话中话、洞察他人心，应对才不会出岔，自己才不会陷入被动的境地。

第 4 课

精准度

**张口需言之有物，
说话要有的放矢**

表达精准，你的一句话胜过别人十
句话；表达精准，你的一句话就可
以直抵人心。我们不仅要会说话，
更要把话说得明白、说得有价值，
如此才能把自己的观点清晰地传
达给对方，并且赢得更好的沟通
效果。

表达要有重点，
没人喜欢听你聊闲篇

　　一个朋友抱怨说："现在的年轻人怎么这么没礼貌、不低调？向你请教问题，你给他解答，他却不耐心地倾听。真是枉费我这么耐心地给他解答！"

　　问题真的出在对方身上吗？是对方真的没耐心、不谦虚吗？如果我不是非常了解这个朋友，也会和你有一样的疑问，可是我实在太了解他了——虽然为人热心，但是说话太啰唆，说半天也说不到重点。

　　我时常建议他，说话要言简意赅，能少说就少说，最好尽快进入主题，否则别人听了半天也听不懂你说的话。显然，我的建议并没有什么用，他一个字也没听进去。

　　这个朋友平日在给别人打电话时，总是自顾自地说个没完，半天也进不了主题。你若提醒他一下，他还能把话题绕回来一些，可没说几句，就又把话题聊到别的事情上了。一次，他想邀请我参加一个朋友聚会，电话一接通他就说起昨天看的球赛来，说自己喜欢的球队打得有多烂，某个球员的表现有多差。

他足足说了五分钟，还没有停下来的意思，我打断他并询问是否有要紧的事情，因为我的工作实在有些忙。直到这时，他才想起来自己打电话的目的，说几个朋友想聚聚，问我是否有时间。可我还没回答他的问题，他就又讲起某个朋友如何如何，聚会的场地如何如何……

无奈，我只能多次询问他聚会的时间，然后赶快挂掉了电话。这个电话花了四十多分钟，可实际上，他只需两句话就可以把事情说完。

一个人说话没重点，啰里啰唆说个没完，最是令人生厌。和这样说话的人打交道，真的是一种折磨！

每次谈到这个朋友，我都会想起一则笑话，把这个朋友和笑话中的主人公一对比，你别说，还真的非常像。大家不妨也来看看吧！

"啰唆先生"出差在外数月，终于可以在下个月回家见到万分想念的妻子了。于是他给妻子写了一封信，信中洋洋洒洒上万字，开篇写道："我将于下个月回家，不是1号就是2号，不是2号就是3号，不是3号就是4号，不是4号就是5号……不是28号就是29号，不是29号就是30号。为什么不写31号呢？因为下个月是小月……"

"啰唆先生"的妻子收到丈夫的来信，内心异常兴奋，便立即给丈夫写了一封回信："收到你的来信，我感到非常高兴。你说你下个月回家，不是1号就是2号，不是2号就是3号，不是3号就是4号，不是4号就是5号……不是28号就是29号，不是29号就是30号。为什么不写31号呢？因为下个月是小月……要保重身体……"

"啰唆先生"和妻子真是绝配啊！因为他们说话同样啰唆。如果你收到这样的来信，你的第一感觉是什么？一定抓狂了！为什么一句话就可以说清的问题，一定要啰唆一万字呢？！

可笑吧？可现实生活中说话这样啰啰唆唆的人并不少，虽然不至于如此夸张，却也有很多相似之处。不要怀疑，我下面要讲的是历史上真实发生的故事。

1812年，英美战争爆发前夕，美国政府召开紧急会议，商讨对英国宣战的问题。

就在这关键时刻，一位议员竟然高谈阔论，滔滔不绝。我们不知道他究竟讲了什么，可他的发言竟然从下午持续到午夜。会场上，大部分议员已经厌烦，睡觉的睡觉、呆坐的呆坐，最后，一位忍无可忍的议员愤怒地站了起来，拿起桌上的痰盂向发言者的头上砸去，才终止了那位议员的高谈阔论。而这时，英国的军队已经到了美国境内。

可见，如果说话没主题，就没人愿意听，还有可能导致非常严重的后果。一两句话就可以解决的问题，偏要滔滔不绝地说个不停，你不是聪明而是愚蠢。

你以为你口才好，滔滔不绝地说，可别人却听得云里雾里，半天也听不明白你表达的重点；你以为你讲得详细，可别人却觉得你啰啰唆唆。尤其在关键时刻，别人都想尽快解决问题，你却滔滔不绝、啰里啰唆，谁有时间听你聊闲篇？

聪明人说话就不一样了。他们说话言简意赅，直奔主题，绝对不会啰唆，更不会没完没了地说些不着边际的话。他们不会烦你，更不会无端耗费你有限的时间和精力。他们思维敏捷、说话做事干净利落，因为他们知道，每个人的时间都是宝贵的，说话啰唆不仅浪费自己和别人的时间，还让自己显得愚蠢、招来别人的厌烦。

如果你也有这样的缺点，就要尽快改正。当然，你是想做池塘里聒噪的青蛙，还是想做一叫天下白的雄鸡，完全取决于你的选择。

表达务必清晰，
不给歧义可乘之机

你说的话，别人能听懂吗？

如果有人这样问你，你一定觉得很可笑。但遗憾的是，生活中确实有很多人说出来的话，让人听不懂。比如下面这则笑话中的对话：

一个卖铁锤的人和一个卖鸡蛋的人在街边叫卖，无聊之时，两人打起了赌。

卖铁锤的人说："用铁锤锤蛋，锤不破。"

卖鸡蛋的人说："锤得破！"

卖铁锤的人说："锤不破！"

卖鸡蛋的人拿来一个鸡蛋，用铁锤使劲砸下去，鸡蛋破了，说："这不是破了吗？"

卖铁锤的人说："鸡蛋是破了，可我说的是锤不破！"他一边说一边指了指自己的铁锤。

很显然，"锤不破"是有歧义的。卖铁锤的人说的"用铁锤锤蛋，锤不破"，其中最后一个"锤"是名词，他的意思是用铁锤锤鸡蛋时，铁锤破不了。可在卖鸡蛋的人听来，最后一个"锤"字是动词，他理解的意思是锤鸡蛋时，鸡蛋不会破。于是，歧义就这样产生了，导致发生了"锤得破"与"锤不破"的笑话。

当然，这是卖铁锤的人故意这么说的，为的就是戏弄卖鸡蛋的人。不过，生活中很多人说的话确实存在这样的问题。他们说话不得要领，表达的清晰度不够，不但没有达到表达的目的，让人听不明白，而且有可能产生误解。

我们说话的目的是什么？不就是说给对方听，与对方进行顺畅的沟通吗？可你不能清楚地表达自己的想法，不能准确地传递自己想要传递的信息，又何谈会说话呢？可以说，说不准确、说不到位，甚至产生歧义，让对方听不明白，就是失败的沟通。

想要避免这种情况，我们说话时就需要注意遣词造句，务必做到表达清晰、用词准确，不给歧义以可乘之机。著名演讲家劳伦斯·格尔达曾经说："永远不要低估表达的难度，即使你要讲的只是1+1=2这样简单的事情，也要竭尽全力地表达清楚。"

尤其在当今社会，这是一个信息爆炸的时代，也是一个全社会大合作的时代。一个人若说话不清晰、不准确，那么在一级一级传达的过程中，歧义产生的概率就会变得更大，信息被误解的概率也会更大。

如同我们常玩的一种传话游戏，第一个人说了一句话，中间经过很多人传话，当话被传到最后一个人耳中时，已经面目全非了，甚至完全不是第一个人所表达的意思了。可要知道，对于重要且敏感的事件，哪怕是些许的误解都可能导致无法挽回的后果，更何况是信息传达错误呢？

出色的表达者，不仅能出口成章，还能清晰地、准确地表达每一句话、每一个词语的意思，使听众听得懂。

说到这里，我又想起一则流传很广的故事。

一位老裁缝，每天起早贪黑，辛辛苦苦地赚钱，为的就是把儿子送到最好的大学读书，让儿子接受最好的教育。他的辛苦没有白费，最终儿子考入了北京一所重点大学。

一天，儿子给老裁缝写了一封信。因为老裁缝不识字，只好请隔壁一个杀猪的屠夫给他读信。屠夫虽然认识字，可毕竟文化水平不高，表达能力也不是太好。屠夫看完信，便对老裁缝说："你儿子说，他在那里挺好的，不过你上次寄去的钱已经花光了，请你务必赶快再寄1000元钱给他。"

老裁缝听完，问道："就这些？"

屠夫说："就这些！"

老裁缝又问："我儿子还说什么了吗？"

屠夫说："没有什么了！"

老裁缝拿着信回家了，一路上越想越生气，责怪儿子不懂事、不孝顺。他一边走一边嘀咕："我每天辛辛苦苦为人家缝制衣服，省吃俭用，就是为了供你读大学。你竟然只知道和我要钱，都不知道问候我一声，一点都不孝顺！竟然还命令我，要我赶快寄1000元钱！我真是白养活你了！"

路上，一位教师听到他不满地嘀咕，便问他出了什么事情。老裁缝便和教师抱怨儿子的不识好歹。听完老裁缝的抱怨，教师说："可以看看你的信吗？我看看是不是你说的那回事！"

看完信，教师说："你误会你儿子了，他的信写得很好。我念给你听：爸爸，您近来身体好吗？您每天辛苦地干活，省吃俭用，却把钱都寄给了我，我内心真的很不安。现在我只能努力念书，取得好的成绩，好报答您的辛苦。等我毕业了，能赚钱了，您就不会这么辛苦了，我一定会让您享福。近来，我又选修了一门新课，需要买几本必需的参考书。另外，下个月的膳食费也需要交了，所以请您给我寄点钱来。如果您能给我寄1000元钱来，那么我会很感激。"

教师念完信，老裁缝怀疑地问道："他真的是这样写的？"

教师说："我哪能骗你！我们都知道你儿子是孝顺的人，他怎么可能不识好歹？再说了，这信写了满满一张纸，怎么可能只写了'快寄1000元钱'几个字？"

听完教师的话，老裁缝高兴起来，急匆匆地给儿子寄钱去了。

　　语言是个奇怪的东西，又是个巧妙的东西，表达的方式不同，意思就截然不同，结果也可能不同；你的表达模糊不清，说得不到位，就很可能会产生歧义，甚至能把白的说成黑的或把黑的说成白的。所以，我们说话时一定要准确清晰地表达，绝不可有丝毫偏差。那么，如何做到表达准确清晰呢？我在这里给出几点建议，大家可以参考。

1. 表达要具体明确，不可太过于抽象、笼统

　　你若说得太抽象，就会让人无法准确地理解，也无法让人产生共鸣。比如，你说："这个人很有力气，特别有力气！""这条河很宽，流量非常惊人！"

　　可这个人的力气到底有多大，这条河究竟有多宽、水量有多大？你如此说，别人根本无法具体准确地了解信息。

　　可你若说："这个人的力气真是大，能举起一头100公斤的猪。""这条河足足有80米宽，流量达到30万立方米每秒。"是不是一目了然？

2. 用词准确，不用有歧义的词语

　　语言表达清晰准确，先要做到使用无歧义的词语。很多词语本身就带有歧义，比如"一边站着一个孩子"，这句话就明显有

歧义，可以理解为两边各站着一个孩子，也可以理解为其中一边站着一个孩子。还有我们之前讲的"锤不破""锤得破"也是如此。

所以，我们一定要注意表达时用词的准确性，避免用带有歧义的词语。

3. 表达要完整，不可断章取义

生活中断章取义的人并不少，他们认为自己只要说重点就好了，殊不知他们的表达会让别人产生误会。比如那个给老裁缝念信的屠夫，如果不是因为他只说"重点"，老裁缝怎么会误会儿子不孝顺呢？

总之，虽然说话的方式有很多，但必须要做到表达清晰，否则你的话还不如不说。

表达一语中的，
见解才有说服力

你打过高尔夫球吗？打过的人都知道，只有把目光集中在球上，然后瞄准目标、用力挥杆，才能把球打得更远，且能够让球准确地进入洞里。

其实，说话也是如此。你与别人交流时，只有说话简短有力、一语中的、不拐弯抹角，才能达到沟通的目的。

我们只有做到一语中的，才能让每一句话"价值万金"。如果你绕了很多弯、讲了很多道理，却一直没有说到实质内容，你说过的话就像被风吹起的纸片一样，无法让人觉得有价值。你说，这不是在说废话、浪费时间，又是在做什么？

简单来说，话谁都会说，可说好说不好，说出的话有说服力还是苍白无力，就看你是否能做到一语中的了。有些人说话喜欢绕弯子，以为自己说得委婉些、迂回些，对方才能更容易接受自己的话、赞同自己的观点。这种想法也无可厚非，毕竟说话迂回些，尤其是陌生人之间在交谈时，可以让沟通不至于那么突兀和尴尬，还可以让气氛变得轻松、活跃些。可有些人只顾着迂回了，迂回来、迂回去，结果变得啰唆或者跑题了。

你觉得你在活跃气氛，你有你的说服策略，可对方已经被你的闲话磨得失去了耐性，根本没有心思听你说话了。结果你还没进入正题，别人就匆匆离开了。这样一来，你还有机会说服对方吗？

我曾经在一个化妆品专柜遇到一个销售人员。她打扮时尚，自信满满，看起来像是经过训练的专业人士。可没聊几句，我就知道，这个销售人员经验太少，肯定刚入职没多久。为什么这么说呢？因为她虽然说话很流利，专业知识背得很熟练，可就是说不到点子上。你每提一个问题，她都会长篇大论地给你讲解一番，可讲解的几乎都是没用的话。

那天，我和朋友一起逛街，刚停在柜台前，她立即微笑着走上前来，说："两位女士，您好，欢迎光临我们××专柜。请问您有什么需要帮助的吗？"

朋友拿起一瓶面霜，她立即说："您现在手上拿的这个面霜是我们的畅销产品，效果非常不错，是我们的专家研究多年才研制出来的，现在也是我们这一季度的主打产品。"

朋友犹豫了一下，对我说："我平时不了解这个品牌，你知道它吗？"

　　我还没有回答，销售人员就滔滔不绝地讲了起来："您不了解这个品牌也是正常的，因为我们前两年才入驻中国。不过它是欧洲的老品牌，有一百多年的历史了。品牌的创始人是一位英国人，听说是一位贵族。他的妻子特别的美丽，他为了让妻子青春永驻便研发了这个产品……"

　　销售人员竟然说起了创始人的逸事，并且还说个没完没了。我和朋友立即打断了她，因为我们没有时间听什么故事。

　　谁知她又把话题引到了该品牌的广告宣传上，兴致勃勃地说："两位看到我们的广告了吗？现在我们在电视、户外都打了广告，对面那个大楼就张贴着我们的广告哦！还请了一个大明星做代言，她叫×××。你看她皮肤那么好，就是因为使用了我们的面霜。你知道吧，这个明星现在可火了，演了许多电视剧，我都可喜欢看了……"

　　听到这里，我和朋友对视了一下，露出了无奈的表情。于是，朋友再一次打断她说："那你介绍一下这款面霜吧！我皮肤比较干燥，需要保湿效果比较好的产品。"

　　我们心想，这下她总能够进入主题了吧。可她还是令我们失望了，她只是简单地介绍了一句"这个面霜里面含有雪莲花、荷花等植物成分，不仅具有保湿效果，还能去除脸上的痘印"。接着她又开始说起产品制作工序："我们这款产品制作工序非常复杂，有将近两百道工序，每一道工序都很……"

直到这时，我和朋友再也忍无可忍了，把面霜放下，然后匆匆地说了句："谢谢，我们再逛逛吧！"

见我们要走，她立即说道："两位女士，别走啊，我还没说完呢……"可我们哪有时间听她继续说下去，逃跑似的离开了那个柜台。

看到这个销售人员的问题了吗？她废话太多了，而且没完没了。客户想要了解产品，她却说了一大堆无关紧要的话，不仅没有回答客户的问题，还没有说出自己产品的特点、优势，这样的说服怎么可能有效果？

我始终认为，说话不仅要用嘴，更要用脑和用心。只用嘴说话，如果不动脑、不用心，常常开口就会抓不住重点；可开口之前只要稍微动下大脑，就不会喋喋不休、东拉西扯，而能够清晰地把自己的意思表达出来。

很显然，这个销售人员只是用嘴说话，根本没有思考如何做到一语中的、如何把话说到点子上。她滔滔不绝地说了一百句，却等于一句都没有说。与说话本身相比，说话的精准度是更为重要的。只有做到言之有物，说话有的放矢，你的见解才不会让人听着厌烦。所以说，不管是想说服人，还是想表达自己的观点，我们都应该在最短的时间里切入正题，一分钟可以说完的话，绝不用一分零一秒。

我说了这么多，就是想让大家明白一个道理：表达一定要精准，不说废话，不绕弯子，直接告诉对方你要表达什么、你要做什么。这样一来，你的话就像高手射出的箭一样，句句直中靶心。

逻辑缜密，
你的话才更有力量

美国钢铁大王卡内基曾说过："一个人的成功，约有15%取决于技术知识，85%取决于你的巧言妙语。"不过，我们需要注意，说话成功的关键不在于你运用了华丽的辞藻，更不在于你滔滔不绝，而是在于缜密的语言逻辑。

没有逻辑，说话颠三倒四、前言不搭后语，你说得越多，别人就越听得云里雾里，不知道你在说什么。你说得累，别人听得更累。

一天，朋友和我抱怨："听我们前台小芬说话，实在太费劲了！很多时候，我都觉得自己跟不上她的思维，被她绕得糊里糊涂的。"

朋友说了和小芬的一次交流的过程。早上刚上班，小芬就跑来问她有没有见到公司李会计，朋友还没有回答，她就滔滔不绝地说了一大堆话，什么公交太挤了、车上的人一点儿都不知道谦让等。朋友听得头昏脑涨。

朋友刚想打断她说话，她又突然冒出一句："李会计还没有来吗？我找她还有事情呢！"

朋友立即回答说："李会计好像刚出去，你简单说下什么事情，我转告一下，然后让她给你打电话。"

小芬又开始说起来："哦，我知道了。我来得真不是时候，要知道李会计会出去，我就早点来了。对了，李会计是不是有个女儿啊？听说还挺可爱，你有没有见过她女儿啊，是不是已经快上幼儿园了？现在这幼儿园啊……"

小芬又说起幼儿园的收费贵、幼师队伍素质不高、新闻时常出现幼师虐打儿童的事件……在这期间，她还谈起自己的同学以及同学的孩子，等等。

直到李会计回来，小芬也没有说出自己找李会计要做什么。在李会计的询问下，她才表达清楚自己的中心思想——原来，她想报销这个月的车马费，想问问李会计怎样填表格。

小芬和我的朋友说了一大堆话，东拉西扯、啰啰唆唆、前言不搭后语。最重要的原因就在于她思维混乱，说话没有逻辑性。当然，这里也有她本人喜欢闲聊的原因。

说话没逻辑，真的是一个人在表达方面的硬伤。话是没少说，可东一句、西一句，听的人根本不知道他想要表达的重点在哪里。与朋友交流，朋友不知道他想要表达什么；与客户、老板沟通，客户、老板抓不到重点。这都会引起不必要的误解，甚至造成不可挽回的损失。

所以说，我们在说话的时候一定要锻炼自己的逻辑力和思维力，力求做到表达主题清晰、逻辑缜密。否则，你努力了好几个星期、好几个月，拿出了不错的方案，却因为自己的笨嘴拙舌、逻辑混乱，导致客户不理解、老板不支持，你说冤不冤？

用一句话概括，说话不是口头上的较量，而是思维上的战争。我们与人沟通时，只有逻辑缜密，才能表达有力。

那怎样表达才能让自己的话有逻辑性呢？不妨参考以下我总结的一些小技巧吧！

1. 说话有条理，不要啰里啰唆、颠三倒四

说话逻辑性差，最主要的表现就是颠三倒四、内容表述混乱。比如，某公司秘书向总经理转告客户推迟会议的事情：

总经理，刚刚李总来电话说，他那边出现突发事情，今天上午九点的会议无法准时出席。他建议把会议推迟，推迟到下午也可以。我已经咨询过行政部的负责人，他说我们的会议室今天上午十点之后和下午四点之后都有安排，只有下午三点到四点之间是空着的。

李总还说，他晚上还有一个重要应酬，会议最好在下午五点

之前开始，所以我建议把会议时间定在下午三点，您看可以吗？

这位秘书的表达是不是让人感觉很混乱？相信总经理也是听得云里雾里，毫无头绪。其实，她只需一句话就可以表达清楚：总经理，李总来电话说，因为出现突发状况，所以不能准时出席上午的会议。综合多方面的因素，我建议把会议时间定在下午三点，您看可以吗？

至于前面那啰啰唆唆的一大堆，不是总经理关心的内容，根本没有说的必要。

2. 突出重点，把每句话都说到点子上

没有逻辑的人，说话不着边际、切不中要害，常常说了也等于白说。所以，我们说话时要学会突出重点，把每句话都说到点子上。

在说话前，我们可以先想几个问题：我最想传达什么信息？如何最简单、最有效地把这些信息表达出来？

只有做到语言简洁，又能突出重点，让表达更有逻辑性，才能让沟通更顺畅。

3. 列出"一、二、三"，逐步说出自己想要表达的内容

如果你说话没有逻辑性，又不知道如何把信息表达得全面、有条理，就可以利用简单的列举法，即列出"一、二、三"条，明确先说什么再说什么，就不会颠三倒四、丢三落四了。

当然，你所列出的条目必须是重点，切勿把不重要的、无关的事项列进去，否则就无法避免啰唆，说话也没有逻辑性。

有逻辑地表达你的想法，可以让他人明白自己、接受自己。在关键时刻，有逻辑的表达还可以发挥更大的力量，让你在任何场合都气场十足。

简而美

声不在高，入心则灵；
话不在多，点到就行

有这样一句话："美因不同，简而不凡。"语言也有精简之美。没有人喜欢冗长、复杂的话，也没有人喜欢听别人长时间滔滔不绝。你若不能精简自己的语言，把复杂的话简单化，就会把听者吓跑。

你若絮絮叨叨，
别人就会逃之天天

　　我曾在网上看到这样一个说法，觉得很有趣也很形象：说话就像你在路口等红绿灯，前二十秒，是绿灯，你可以畅快地说，听众往往也会被你的话题所吸引。可二十秒一过，绿灯就变成了黄灯，此时，即使你表达得兴趣正浓也应该打住了，因为你的话题和观点不再新鲜，不足以继续吸引现场的听众。这个时候，如果你还不见好就收，就会让人感到厌烦。之后，当四十秒一过，红灯就会亮起，意味着你就必须停止说话了。如果你还继续说下去，就只会让彼此尴尬。

　　仔细想想，确实是这个道理。即使你的话题再新鲜、吸引人，若只顾着自己说得痛快，滔滔不绝、絮絮叨叨，不顾及别人的感受，时间长了，必定会让人想逃之天天。这就像再美味的蛋糕都有保质期一样，保质期一过，它也就成了垃圾，被人吃下去就会对人体有害。

所以说："话不在多，而在于精。""事以简为上，言以简为当。"不管在什么时候，不管说什么话，简洁都是最好的选择，也是最有效的表达方式。

我们不仅要用嘴说话，更要用头脑说话。聪明人说话，能够清楚地表达自己的观点，更懂得点到为止的道理。他们非常善于把握自己说话的时间，能够在最短时间内说清楚自己的观点，然后就此打住，或把时间交给对方。

所以，即使你善于表达，拥有绝好的口才，也应该控制自己的说话欲望，做一个聪明的表达者。尤其是在你之前的说话者已经滔滔不绝地讲了很久的时候，你就更应该尽早结束话题，放过那些早已听得不耐烦的"可怜听众"。

德国著名诗人及戏剧作家贝托尔特·布莱希特就是一个聪明的表达者。他平时非常不喜欢参加各种聚会，尤其讨厌各种聚会开始之前那些冗长的发言。

有一次，布莱希特被邀请参加一个宴会，并且主办方还希望他能致开幕词。虽然布莱希特心里不太愿意，但实在盛情难却，只能无可奈何地答应了。

宴会那天，布莱希特准时到场，希望能简单地说几句，然后尽快逃离这个自己并不喜欢的地方。

可主办方走上演讲台之后，就滔滔不绝地说了起来，先说自己举办宴会的初衷，然后对各位到会者表示了欢迎，又表达了自己的兴奋之情……一通冗长又煽情的贺词，让所有参加宴会的人感到枯燥、无聊。所有人都希望宴会尽快开始。

终于，主办方的讲话结束了，然后他激动地宣布道："现在，请广受欢迎的著名戏剧作家、诗人贝托尔特·布莱希特为本次大会致开幕词！"

在众人的掌声中，布莱希特快步走上了演讲台。他知道很多人都希望他能多说几句，尤其是主办方和各个媒体的记者——因为他看到记者们纷纷举起相机，有的还拿着小本子，打算把他说的每一句话都一字不落地记录下来。

可是，他也知道，其他的听众都厌烦了这冗长的开幕式，于是，他只说了一句话："现在，我宣布，宴会可以正式开始了。"这句简单而又清晰的话，顿时赢得很多听众的掌声。

你是不是也很佩服布莱希特的睿智和幽默？不管什么时候，如果你只顾着自己说得痛快、滔滔不绝，却不照顾听者的感受，那么你说得越多就越无法吸引人。

无论是演讲，还是面对面地与人交流，我们都应该把握好说话的分寸，因为会说话的人不一定口若悬河，而口若悬河的人也不一定就会说话。简洁的话，未必是最好的；但是最好的话，总是简洁的。

你可以观察一下身边的人，是那些爱长篇大论、滔滔不绝的人招人喜欢，还是那些说话简短、一语中的的人更受人欢迎？很多人都知道，每年奥斯卡金像奖颁奖典礼上，组委会都规定获奖者的致辞时间不得超过四十五秒，一旦时间超过四十五秒就会有红灯警告，还会播放《请君下台》的诙谐乐曲来提醒正在致辞的获奖者。

当然，很多出色的演员也贡献了精彩绝伦的获奖致辞。1972年，喜剧大师卓别林荣获奥斯卡终身成就奖，他在发表获奖感言时，只说了一句话："此刻，言语是多么多余、多么无力。"

有正面的例子，就有反面的例子。第十五届奥斯卡影后嘉逊就因为激动过头而足足说了五分钟。结果，她的这次致辞成为人们谈论的笑柄。很多人都讥讽她说："嘉逊的演说比她的台词还要长。"

说话，切记不要滔滔不绝、絮絮叨叨，否则不仅无法让你展现自己的魅力，反而还会降低你的形象好感度，招致别人的反感。知道说话的分寸，表达力求简而美，才称得上真正会说话。

该表达时别沉默，该沉默时别胡说

　　每个人都有表达的欲望，都希望给人留下博学、健谈的印象。这种想法并没有错，毕竟谁不希望赢得别人的称赞呢？谁不希望多给自己赢得一个机会呢？所以，我赞同要抓住机会表达自己，不要在该表达的时候选择沉默，然后再独自后悔和哭泣。

　　就怕你在该沉默的时候偏偏过分地表现自己，不懂装懂，结果反而暴露了自己的无知和浅薄。如果你想要给人留下深刻印象，却选错了表达方式，就会成为别人笑话的对象。

　　我认识的一个小伙子就有这个毛病。不管别人说什么，他都喜欢插上几句，以发表自己的"高见"。可别人说的事情如果他懂，说上几句也就罢了；遇到不懂的事情，他也毫不顾忌地随意说几句，好像唯有如此才能凸显他的博学。

　　一次聚会上，几个足球迷正在谈论刚刚结束的世界杯，说着自己喜欢的球队和球员，讨论着哪一支球队是黑马，哪一支球队的表现差强人意。见别人聊得热火朝天，小伙子忍不住也凑了上去。

可他并不懂足球，平时也很少看足球。不过为了能加入别人的谈论中，他装作一副无限惋惜的样子，说："唉，我今年实在太忙了，根本没时间看球赛，明年我一定守着电视看世界杯！到时候，大家一起约起来啊！"

一听这话，大家都乐了：世界杯每隔四年举办一次，你明年到哪里去看啊？这不是明显的不懂装懂吗？

其中一人见他这么说，故意坏笑着问道："那你看好哪支球队啊？你认为明年哪支球队能得冠军？"

小伙子哪知道哪支球队能得冠军，他甚至不知道参加世界杯的都有什么球队。他只知道同事时常说的AC米兰（Associazione Calcio Milan, 米兰足球俱乐部）啊、巴塞罗那啊，于是，他大声说道："冠军必然得是巴塞罗那啊！是吧？我觉得他们一定能夺冠，因为梅西很厉害啊！他是我最喜欢的足球明星了！还有，那个AC米兰也是很有希望的……"

他还没说完，几个朋友已经笑得前俯后仰，而他还不知道自己说错了什么，大声喊道："你们笑什么？难道我说得不对吗？你们说，现在哪一个球员比梅西更厉害……"

是啊！梅西是很厉害，也参加世界杯了，可他是阿根廷队的球员啊！再说了，AC米兰、巴塞罗那是欧洲冠军联赛的足球俱乐部，怎么能参加世界杯呢？这个小伙子仅凭自己知道的一点儿知识就胡说，落得一个被人笑话的结果。

所以说，说话可以，想表现自己也无可厚非。但说话也得谨慎，对于你不知道或不了解的事情，就应该选择沉默，而不是随意乱说。否则，只会暴露你的无知和浅薄。

当然，没有人无所不知，也没有人不会犯错，如果朋友之间闲聊的时候，你偶尔犯个错误，被朋友们调侃一番也无妨。就怕有的人真的不知天高地厚，凭着一股勇气想说什么就说什么，丝毫不考虑自己的话说得是否合时宜、合身份，是否会得罪人。

一个朋友就曾经用"没有脑子，只知道出风头"来形容自己的一个下属。这个下属，要口才有口才，要能力有能力，还能讲一口流利的英语。因此，在他刚到单位的时候，朋友非常喜欢他，也想培养和提拔他。参加一些重要的谈判、会议时，朋友都带着他，希望能多帮他积累一些经验。

慢慢地，朋友发现这个下属有些飘了，他总是想找机会露脸，甚至忘记了自己的身份。一次，朋友带他参加一个商务酒会，和一个合作伙伴商谈合作事宜。席间，这个下属却跨过上司频频举杯，与合作伙伴谈天说地。朋友被晾在一边，场面十分尴尬。临别的时候，这个下属竟然又一次越过朋友，率先与合作伙伴握手道别，搞得他像公司的领导，而朋友是他的助理一样。朋友虽然没说什么，可心里非常不舒服。

当然，合作伙伴显然也有些不满，事后询问这个项目究竟是谁负责，还差点取消了合作。是啊！这个下属毕竟不是公司领导和项目负责人，可他却在正式商务会谈中频频越位、自作主张，怎么能给公司领导和合作伙伴留下好印象呢？

事后，朋友也找这个下属好好地交谈了一番，并且对他说："一个聪明的人，知道什么时候说话、什么时候沉默。你的问题就是太浮躁、好高骛远。我觉得你应该好好反省反省。"

这个下属也是聪明人，明白了朋友的言下之意和一片好心。后来，他果然有了很大转变，朋友与合作伙伴谈话时，他总是在一旁认真倾听，该说话的时候说话，不该说话的时候绝对不多说一句。比如，他只是在适当的时候小声提醒朋友遗漏了哪些细节，或在朋友询问他意见时才表达自己的观点。

这个下属变得越来越成熟，不出风头、不越位，后来在朋友的推荐下，升为部门主管。

可见，努力地表现自己，虽不是什么坏事，可如果说话不分对象和场合，没有大局意识地卖弄自己，那肯定没有好结果。

很多人非常善于表达，却并未真正懂得沉默的意义。然而，我们要知道，沉默也是另一种形式的表达。

至于什么时候该说话、什么时候该沉默，你要问一下自己的内心。问自己，如果说了这句话，是否会给自己或别人带来不便，是否会让自己或是别人陷入尴尬，是否会让自己得罪人……
问完自己这些问题之后，你就会有一个明确的答案。

　　生活中，有的人确实做到了，不管什么时候都谨言慎行。可
有的人却没有做到，根本没有这方面的意识，说话不看场合，随
心所欲，信口开河，想说什么就说什么。

　　我曾经遇到这么一个人，他就因为信口开河、不会说话而让
自己陷入了尴尬的境地。在酒桌上，这个人已经微醉，开始滔滔
不绝地讲起某企业的一位总经理的秘密，说他自私自利、行为卑
鄙等，总之，说了一大堆攻击那位总经理的话。

　　等他说完，一个年轻的小伙子问道："先生，您认识那位总
经理吗？"

　　他回答："不是太熟悉，和他见过几次面。"

　　小伙子又问道："那您认识我吗？"

　　他说："请问，您贵姓？"

　　小伙子说："我就是您说的那位总经理的儿子。"

　　顿时，这个人愣住了，不小心把杯子扔到了地上。之后，他
逃跑似的离开了，因为他知道自己的话全是杜撰的。

　　所以，记住教训吧！一个人说话要谨慎，不知道的、不该说
的就别乱说。只有懂得了适时沉默的智慧，你才能成为最厉害的
表达者。

靠谱的人话不多，
但句句戳心窝

　　话不在多，而在于精。靠谱的人，虽然话不多，但句句能打动人心。不要觉得这无法做到，要做到一句话说服一个人、一句话哄笑一个人、一句话扭转局势、一句话赢得爱情，并不是天方夜谭。若能掌握技巧，你也可以轻松地做到。

　　就像韩非子在《说难》中所说："凡说之难，在知所说之心。"只要你能洞察人心，然后对症下药，就可以轻松地把话说到对方心里；只要你能把话说到对方的心里，就可以如愿地达到自己的目的。

　　隔壁邻居家的孩子小政在一家公司干了三年了，他也算努力、勤奋，但平日里总是缺少些拼劲，显然没把工作当成重要的事。小政的妈妈一心希望小政事业有成，做出成绩来给所有人看看，一是对小政的将来有好处，二是可以给自己争口气。可尽管她每天耳提面命："你要努力啊！不能吊儿郎当下去了！""年轻人就应该充满拼劲，不能把心思都用在玩上！""现在不努力，将来有你后悔的一天！"但小政依旧我行我素，对工作提不起一点兴趣。

可最近一段时间，小政却格外地充满干劲，总是神采飞扬，情绪颇佳，说要干出个人样来。为什么会如此呢？

小政给出了答案：他谈了一个新女朋友。要说这小政又不是没谈过女朋友，怎么就因为恋爱了，所以就知道上进了、充满了干劲儿？原来，之前谈的女朋友和他的妈妈站在同一战线，时不时唠叨小政几句，"鼓励"他要上进、抱怨他不为将来做打算。可这个新女朋友就不一样了。

她平时话不多，更不会要求小政做这做那，重要的是她很懂得赞扬：小政平时喜欢玩游戏，换作之前的女朋友不骂他就不错了，更不会夸他。而新女朋友总是夸他玩游戏时最认真、最有魅力；小政说现在工作压力大，提不起工作兴致，新女友便安慰他慢慢来，还夸他抗压能力强，若自己面对如此强硬的老板，早就承受不了了；小政拿下了一个新项目，新女朋友就给他庆祝："小政，恭喜你拿下了这个大项目！你真是太厉害了！为了犒劳你，我请你吃大餐！"小政喜欢玩，她则夸他有生活情趣……

最后，小政的妈妈对我说："一句赞美，就让小政充满了力量和斗志，比我唠叨百句更有效！小政这个女朋友真是聪明啊！"

是的！对于任何人来说，赞美的话，一句都顶一万句，它可以生出无穷的力量，使听的人身心愉悦，更愿意接受和赞同说话者的想法。很多时候，聪明人不会喋喋不休，而是会适当地赞美对方几句——且赞美中蕴含着对对方的期许。

这也告诉我们，语言的力量是不可小觑的，关键在于你是否会运用、是否能把话说到点子上。很多出色的表达者话都不多，即使他们口才出色、善于交际，可在关键场合，他们也能控制说话的尺度，做到简洁而打动人心。

我们熟悉的美国前总统林肯就以口才出众而著称，他可以滔滔不绝，可以高谈阔论，可以引经据典，当然也可以简洁有力。

在美国南北战争时期，北方部队经过三天的鏖战，终于赢得了葛底斯堡战役的胜利。而这场战役也成为整场战争的转折点。

战争结束后，宾夕法尼亚等几个州决定在葛底斯堡建立国家烈士公墓，以纪念在这次战役中牺牲的全体将士。烈士公墓落成典礼的主讲人是美国当时著名的演说家埃弗雷特，他特别擅长纪念仪式演讲。其慷慨激昂的演讲总能激起人们的热情，因此被公认为美国当时最有演说能力的人。

在那天的典礼上，埃弗雷特整整讲了两个小时，这期间高潮迭起，现场几次爆发热烈的掌声。可以说，这场演讲是非常成功的，点燃了战士们的热情。

可林肯的演讲更精彩。虽然他的演讲只有十句话，短短不到两分钟，却同样赢得了雷鸣般的掌声，且掌声持续了十分钟之久。这场著名的葛底斯堡演讲不仅震撼了现场，还轰动了全国。

就连埃弗雷特也不得不佩服林肯，赞扬地说："我用了两个小时才表达了演讲的中心思想，而你只用短短十句话就做到了。"

当时的报纸评论道："这篇短小精悍的演说是无价之宝，感情深厚、思想集中、措辞精练，字字句句都很朴实、优雅，行文毫无瑕疵，完全出乎人们的意料。"

我们不能说埃弗雷特的演讲是失败的，可与其相比，林肯的演讲更精彩，因为他的演讲短小精悍，句句具有震撼人心的力量。

仔细思考一下，在和客户交谈时，为什么有些人短短几分钟就能获得客户的信任，有些人滔滔不绝说半天，却让客户失去了耐心？

在向老板汇报工作的时候，为什么有些人三言两语就说得老板心花怒放，对他赞赏有加，有些人对着PPT讲半天，却让老板听得昏昏欲睡？

和朋友聊天的时候，为什么有些人说一两句就能直戳对方的内心，让朋友心情愉悦，有些人讲了一大段，却让朋友感到厌烦？

因为表达拼的不是说得多少，也不是口齿伶俐，而是能否说进他人的心里。一个有顶级魅力的人，一定不会是唠叨、啰唆的人，而应该是一个话不多，但说的话能句句戳人心窝的人。

今天，每个人都注重效率，没有谁愿意花时间和耐心听一个人夸夸其谈。因此，若想成为表达高手，光做到把话说清楚是远远不够的，还要学会洞察人心，把话说到点子上，才可以让表达发挥神奇的力量。

关键时刻保持沉默，
胜过瞪眼反驳

你有没有过这样的体会：

总是有一群聒噪的人，以为自己说的话都是对的，时常迫不及待地发表自己的观点。你若不同意他的观点，他就会一个劲儿地给你洗脑。而且，你越是不想听、不赞同，他就说得越来劲。

总是有一些心怀恶意的人，用恶意的言语来攻击他人。他们或者三观不正、戾气太重，或者为了凸显自己的优越感，或者为了吸引他人的注意力，说出攻击他人的话。你越是反驳、辩解，他们蹦跶得越欢，情绪上越兴奋。

总是有一些人喜欢与人争论，以与人争论为乐。哪怕你说太阳从东边出来，他都要跳出来说你是错误的，然后脸红脖子粗地同你争论一番。你以为他不知道自己错了吗？不，实际上，他根本不在乎对与错，只在乎与人争论的"乐趣"。你越是想要说服他，他就越不服、越想驳倒你。

很多时候，人就是这样，心里总有一根叛逆的"弦"，面对别人的反驳、解释、争论，总会做出一系列过激的反应。可如果你顺着他，在他说服你、攻击你、与你争论的时候选择沉默，他反而不知道如何表达了。

这也告诉我们，一旦你先坐不住了，忍不住要说话，就把自己引向了争端；若冲上去争吵一番，便让自己暴露于"敌人的火力之下"。这样做不仅无法解决问题，反而会让自己身陷麻烦之中。

最好的选择是什么？沉默。不管对方说什么、做什么，我们都让自己保持平常心，然后置之不理。如此一来，对方就像把拳头打在棉花上，只能作罢了。

不知道你有没有听过白隐禅师的故事，他的选择就体现了沉默的力量和智慧。

白隐禅师是一位修行有道的高僧，平时乐善好施，为人们布施讲道。在白隐禅师的住处附近，有一户人家——夫妻俩和一个漂亮的女儿，一家人以开店铺为生。

有一天，这户人家的女儿怀孕了，肚子一天比一天大，但这对夫妻不知道孩子的父亲是谁。夫妻俩异常震惊、愤怒，痛恨女儿做出这等见不得人的事，也痛恨那个诱惑自己女儿的人。于是，夫妻俩警告女儿，如果不说出孩子的父亲是谁，就打断她的腿。在父母的逼问下，女儿吞吞吐吐地说出"白隐"两个字。

大妻俩愤怒地找白隐禅师理论，辱骂他"不知廉耻""道德败坏""算什么有德行的高僧"。白隐禅师静静地听完对方的辱骂，没有反驳。很快，这个消息就传开了，人们议论纷纷，辱骂白隐禅师。

可事情还不算完，女儿的孩子出生后，这对夫妻竟然毫不犹豫地将婴儿抱给了白隐禅师。此时，白隐禅师已经名誉扫地，每天承受着众人的痛骂和侮辱。可是，他还是没有做出任何辩解，只是认真、细心地照顾孩子——他向邻居乞求婴儿所需的奶水，虽不免横遭白眼或冷嘲热讽，但他总是处之泰然，只想着让孩子健康地长大。

一年过去了，孩子被白隐禅师养得白白胖胖、健健康康。而女儿终于因为良心不安，向父母说出了事情的真相——这个孩子是自己和鱼市的一个青年生的，因为害怕父母会打死那个青年，所以就诬陷了白隐禅师。

夫妻俩万分惭愧，立即向白隐禅师赔礼道歉，并抱回了孩子。而此时，白隐禅师仍然是淡然如水，没有说什么，就把孩子交还给了他们。

被人诬陷和辱骂，受了委屈，哪一个人能够做到不反驳、不辩解？哪一个人能够泰然处之？但白隐禅师做到了。当然，这是白隐禅师最好的选择。因为在他人处于愤怒顶端、舆论高涨之时，你的解释就是掩饰，你的辩驳就是狡辩。而且，你越是瞪眼反驳，别人就越认为你理亏。所以你的辩解对于如潮水般的舆论来说，只是杯水车薪。

既然知道这时的辩解是杯水车薪，那为什么不反其道而行之，选择适当的沉默呢？

聒噪不如沉默，息谤得于无言。很多时候，沉默最有力量，胜过你气急败坏地反驳，胜过你滔滔不绝地解释。但沉默不代表你妥协了，也不代表你不在乎那些辱骂和指责，它只是让事态平静下来的一种方法。

就像我们之前说的，当别人对着你聒噪、强加他们的观点给你时，你沉默，不代表你接受了、赞同了，而是让他们尽快闭嘴，给自己留一个清净；当心怀恶意的人攻击你时，你沉默，不代表你心虚了、害怕了，而是觉得和这样的人说话，只会让自己显得无知而已；当别人想与你一争高下时，你沉默了，不代表你理亏了、找不到说服他的论点，而是聪明地避免了一场冲突……

面对别人的责难、辱骂、批评，你的沉默要比反击更有力量。沉默，也是一种表达。事实上，这个世界就是有不少聪明的人，选择了用沉默的方式来应对外界的不友好。

大家还记得"9·11"事件之后那位被公众质疑的纽约市长吗？他在一片悲恸声中参加了一场喜庆的婚礼。这个举动让他成为众矢之的，所有人都批评他的行为，报纸、电视、广播等媒体也纷纷指责他，让他面临几乎被赶下台的危机。

这位纽约市长什么也没说，安静地参加了婚礼，并且给新人带去了最诚挚的祝福。直到舆论逐渐平息，他才说出了事情的真相：新娘的父亲与弟弟都是消防员，并且都参与了"9·11"事件的救援工作，不幸的是，两人在救援过程中都牺牲了。在生命的最后一刻，新娘的父亲对市长说希望自己的女儿能够如期出嫁，并且希望市长能够做他们的主婚人。

这位纽约市长毫不犹豫地答应了这位父亲的请求，因为这位父亲和他的儿子是这个国家的英雄，而这位新娘则是最需要人安慰的英雄家属。民众恍然大悟，知道了这位纽约市长可贵的品德，之后，再没有人攻击和指责他，人们对他充满了敬佩和尊重。

白隐禅师和这位纽约市长都是聪明人，他们用自己的沉默解决了问题、赢得了尊重。沉默是金，很多时候，它是最有力量的表达。

荀子说："天不言而人推高焉，地不言而人推厚焉，四时不言而百姓期焉。夫此有常，以至其诚者也。"

如果你是聪明人，就学会适时沉默吧。

抢话的人，
没人愿意和你多说话

　　每年年初，很多人都关注着各大电视台的跨年晚会。因为跨年晚会就是各大电视台的实力大战，更是粉丝们为自己的偶像加油助威、网友们吐槽的关键时刻。

　　可某年跨年晚会最吸引观众注意的竟是某卫视女主持人的抢话事件。这一事件被观众和粉丝们讨论了很久，甚至频频登上了微博热搜榜。

　　其实，事情的经过很简单。跨年晚会上，几位主持人依次说话，轮到某男主持人讲话的时候，某女主持人却一直在与现场的观众互动，多次抢某男主持人的台词。直到另一位男主持人用手轻轻碰了碰她的手臂，她才意识到自己的问题，停止了与观众的互动。当时，被抢话的某男主持人虽然淡定地说完了台词，可脸色并不好看，可以说瞬间就黑脸了。

　　一时间，网友们议论纷纷，说这位女主持人的"老毛病又犯了""爱抢话""缺乏主持人专业素养"……虽然事后她做出了回应，说是因为当时乐队需要调试设备，中间有一段时间的空当，导演让主持人和观众互动一下，没想到自己的话筒一直没有控制好，所以才有些像抢话了。要好的同事也帮她做了解释，说她不是故意抢话，只是因为当时主持人都戴着耳麦，听不到其他人说话，当时她以为某男主持人没有说话，所以才和观众互动一下。

可不管当事人怎么解释，网友就是不买账，依旧批评和责骂这位女主持人爱抢话，说她丝毫不顾及别人的感受，只想着表现自己。

有的网友甚至举了例子，说有一次她主持的节目请了好多嘉宾。嘉宾出场之后，本应该是他们依次做自我介绍。然而在第一位嘉宾介绍完之后，第二位嘉宾刚拿起话筒，她就站出来强行抢话尬聊，把嘉宾们晾在了一边。另一位主持人见情况不妙，立即打断她说话，并让嘉宾们进行自我介绍。

抢话，真的是令人讨厌的行为。不管在什么场合，抢话都是不尊重他人的行为，不仅让别人尴尬，还让自己显得没有教养。普通人尚且如此，更何况是专业的主持人？

人们对于抢话的厌恶，从另一个主持人身上我们也可以看出来。这个主持人是某卫视的一位新主持人。由于某卫视重视培养新人，所以多次让她参加其王牌综艺节目，前辈们也经常给她表现自己的机会。

作为新人，想要表现自己，为自己赢得更多的机会，原本也是可以理解的。可是，与其他新人相比，她并不怎么讨喜，因为她太爱表现自己了，还频繁抢话、插话。

有一次，她和一个同样是新人的男主持人一同主持节目，她在一旁叽叽喳喳地说个没完，男主持人几乎都说不上话。好不容易轮到男主持人说话了，还没说几句，又被她把话抢了过去。整个过程，男主持人只能面带微笑、拿着话筒看着镜头。

还有一次，一位主持人正在说话，她和另一位新主持人站在一旁，第一组主持人主持得挺不错。可等到他们这一组主持节目的时候，嘉宾刚回答完问题，她就抢先一步把话说了。

被抢话的主持人一时愣住了，只能呵呵地笑了一声，然后往后退了一步。可只顾着自己说话的她丝毫没有察觉出自己的问题，依旧兴高采烈地说着……

抢话，她以为她在表现自己，可观众非常厌恶这样的行为，很多人跑到她的微博下面批评、责骂，甚至让她"滚出×××"——这些表达确实过分了，有网络暴力的嫌疑；可这也体现了一点，就是人们不喜欢抢话的人。

与其说人们不喜欢这两位女主持人的张扬、爱表现，不如说是厌恶她们以自我为中心，只顾着自说自话、不顾及别人感受的行为。要知道，一个情商高的人，是不可能随意抢话、插话的。

他们善于表达，更善于倾听。

喜欢抢话的人或许是口才比较好、思维比较灵敏的人，可他们却不是会表达的人。试想，谁会喜欢随意地打断自己说话的人？谁又会愿意和不尊重自己的人交流？

培根曾说过："随意打断别人的话、乱插话的人，甚至比发言冗长者更令人生厌。打断别人说话是一种最无礼的行为。"可不幸的是，生活中仍有这样的人，他们非常健谈，不管和谁都能畅快地交谈，可他们总是急于表达自己，随意打断别人的话，然后自顾自地说话。

想一想，你身边是不是也有这样的人？你喜欢他（她）吗？答案必然是否定的。

我就有一个这样的朋友。她非常健谈，不管什么话题她都能聊几句，开始的时候，大家都比较喜欢她，因为有她的地方就不会冷场。可慢慢地，大家发现她太爱表现自己了，只要有她在，别人就永远没有说话的机会。

比如，你刚说一句话，她就抢过了话头，滔滔不绝地说个不停；你刚提出了一个观点，她就反驳说"你说得不对"，然后不停地说自己的想法，不管别人愿意不愿意听。

大家正在谈论一个话题，你一言我一语地愉快地聊着，气氛很和谐。可是只要她一来，就非要打断别人的谈话，把话题拉到自己身上，然后滔滔不绝地谈论一番。

人家正兴致勃勃地说自己的经历，其他人都在耐心地倾听，可她一来就开始抢话，转而谈起其他事情，使得别人的话生生噎住，就像嗓子卡了一个枣核，吞不下也吐不出……

正是因为如此，大家都不愿意和她说话了。

所以说，一个人只有好好说话，并且尊重他人，才能形成高效的沟通。抢话的人，本质就是管不住自己的嘴巴，或许他是无意，或许他只是心直口快、说话不经过大脑，可不管是无心还是有意，话都说出来了，已造成不良影响。

我们若不想没朋友，不想惹来别人的厌恶，就应该管住自己的嘴巴，不要随意抢话，做到会倾听、少说话，让自己成为受欢迎的人。

第6课

问与答

怎么问才有好答案，怎么答才叫作精湛

不会提问，你就无法得到自己想要的答案；不会回答，你就会让沟通陷入困境之中。因此，提升提问与回答的能力，问得有技巧、答得漂亮，才能让自己成为受欢迎的人。

做好万全准备，
就不会问出蠢问题

　　提问与回答，只有像高手过招，你来我往，才能让人感觉酣畅淋漓、意犹未尽，哪怕大战数百个回合也不会感到厌烦和无趣，最后两人还可能惺惺相惜。

　　看过金庸小说《射雕英雄传》的都知道，东邪、西毒、南帝、北丐、中神通在华山之巅比武论剑，就有这样一番味道。但如果让这些武林高手和初期的郭靖——这个愚笨、毫无武功的人比试，恐怕谁都懒得出招了吧？

　　没错，你打他，他连还手之力都没有，这武比得还有什么意思呢？比武，不仅是比输赢，更重要的是体会高手过招的乐趣。否则，那剑术出神入化的独孤求败，怎么给自己取这么个名字——"求败"，还到处找能够和自己匹敌的对手？

　　提问和回答也是如此。若面对博学多才、学识广博的教授，你提出的却是小学生水平的问题，那教授怎么有回答的兴趣？即使他包容地给你一个答案，那他的内心也会相当痛苦，肯定希望这场谈话能够尽快结束。

所以说，提问是一门学问，只有问题提得好，对方才能回答得舒服，同时给出一个令你感到惊艳的答案。可若问题提得蠢，那恐怕对方不仅懒得搭理你，还会觉得你愚不可及。

因此，不管你向谁提问，也不管你想问什么问题，千万别以为提问就是简简单单地把话题抛给对方。在问与答的过程中，只有做一个能与对方过招的高手，才能获得你想要的答案，并且为自己赢得尊重。可事实上，不会提问的人很多，不仅因为他们真的没有水平，还因为他们在态度上也有问题，而且还有不小的问题。

我的一位艺术家朋友，在本地艺术圈也算小有名气。在某次饭局上，大家谈论起一些媒体只知道问一些无聊的问题，根本不考虑问题的深度，这位艺术家朋友便义愤填膺地讲了自己的一次亲身经历。可以看出，他对这件事情确实非常介意。在他讲述事情的经过时，我们都可以感受到他的怒气。

一次，某杂志社想给他做个专访。等到了约好的时间，一个年轻的记者兴冲冲地来到他的工作室。

这个年轻的记者一进院子就要求先看看艺术家朋友的作品，艺术家朋友不仅痛快地答应了，还热心地在一旁讲解。可看完之后，年轻的记者突然问道："您这些作品还真是让人看不懂啊！

艺术这东西，是不是都得这么故作高深啊？"

听了这话，艺术家朋友当场就有些不高兴了，看着那名记者问了一句："你听过黄莺唱歌吗？"

年轻的记者笑了笑，说道："当然听过啊。"

艺术家朋友又问："你觉得好听吗？"

年轻的记者答道："当然好听啊！黄莺是这个世界上唱歌最动听的鸟儿。"

艺术家朋友再问："那你能听懂它在唱什么吗？"

顿时，年轻的记者知道了自己的失言，只能尴尬地笑笑。

接下来，正式采访开始了。可令艺术家朋友没想到的是，这个年轻的记者提出的第一个问题竟然是："请问您从事艺术创作的工作多久了？"

艺术家朋友停顿了一下，瞅了记者一眼，毫不留情地说："这就是你想问的问题吗？在采访之前，你没有做过功课吗？难道连查一下我的资料都懒得做吗？"

年轻的记者感觉有些尴尬，想了想，又问："那么，您的艺术天赋是什么时候被发掘的？"

这下，艺术家朋友的脸色开始变了："我觉得这个问题我没有回答的必要，因为我之前曾经多次提到过。你们就没有什么新颖的问题吗？"

年轻的记者只好硬着头皮又说："我还有很多其他的问题

呢。您第一次拍卖的作品是哪一件？反响怎么样？对您的艺术生涯有什么影响？……"

不等年轻的记者说完，艺术家朋友就直接打断了他："如果你只能问这些问题，那么你可以走了，不要浪费我的时间。你可以回去翻翻你们的杂志，或者其他媒体曾做的关于我的报道，你问的问题的答案都有。"

就这样，双方不欢而散。从此以后，艺术家朋友再也没有接受过这家杂志社的采访。

讲完了这个故事，艺术家朋友对我们说："我知道我的态度不太好，可这个年轻的记者实在太气人了！你们听听，他问的都是什么蠢问题。我觉得再让我多说一句话，都是在浪费我的时间！"

显然，这个年轻的记者之所以问出蠢问题，是因为之前没有做好功课，更没有思考如何问出令人叫绝的问题。换作任何人，都很难心平气和地回答他的问题。

或许有人会说，并不是所有人都博学多才，也并不是所有人都是某个领域的专家，那怎么问出有深度、吸引人的问题呢？

答案很简单！你可以事先做好功课，提出新颖的、有针对性的、对方感兴趣的话题，摆出谦虚求知的态度，把话题抛给对方，让对方来为你答疑解惑。这样一来，即使你不是提问高手，对方也不会心生厌倦。

就说那位年轻的记者吧，如果他在采访前能做好功课，查一下艺术家朋友的生平，看一看之前的关于他的报道，然后再了解一下他的艺术理念、创意，而不是想问什么就问什么，就不会使得双方不欢而散了。

所以，你若想提出好问题，就应该记住卡耐基的这句话："提问，最重要的一点就是，你得做好准备工作，先去了解别人，当你对别人感兴趣的时候，自然就能提出很多有效的问题。相反，如果你事先没有任何准备，那么提问不过是在浪费对方的时间，徒惹对方反感罢了。"

用脑，再用心，你的问题即使不算惊艳，也绝对不会显得蠢笨。这样简单的提问技巧，赶紧学会吧。

聊对方最感兴趣的话题，瞬间拉近距离

很多人觉得表达能力强是口才的问题，可实际上是情商的问题。就拿提问来说吧，很多时候你的问题无法激起别人回答的欲望，不是因为你表达得不清晰、你的问题不深刻，而是因为你的问题没有抓住对方心里喜好的关键点。

简单来说，你的问题根本不是对方感兴趣的话题。如此一来，你怎么让对方有回答的欲望呢？

很多人不解地问我："为什么我提出了一个又一个问题，对方却依旧提不起回答的兴致呢？不是用简单的'嗯嗯''是的'来回答，就是回答得心不在焉。这根本就不是我想要的结果啊！我怎么才能得到自己想要的答案？"

每当这个时候，我都会反问他们："当你抛出一个问题的时候，是为了提问而提问吗？你是不是只关心自己想要的答案？你有没有考虑对方想要表达什么？你的问题能问到对方心里吗？你能轻松地问出有效信息吗？"

是的，很多人在提问时只考虑自己的需求、只关心自己的目的，所以他们的提问只是为了获得自己想要的答案，却完全忽视了对方！如此一来，他们的提问根本激不起对方回答的兴趣，导致"剃头的挑子一头热"。

那么如何让对方也"热"起来呢？

很简单，多顺着对方的心理期待提问题。当你的问题恰好是对方感兴趣的话题时，他的表达欲望就会立即被你激发起来。

有一个推销员，虽然年纪轻轻，却是公司里业绩最好的员工。他的成功秘诀就是：问对方最感兴趣的话题，引起对方深入交谈的兴趣。

我的一个朋友就是这个推销员的客户，而且与他的关系非常不错，还时常向其他人推荐该公司的产品。我知道，这个朋友性格比较固执，很难被别人说服，尤其对推销员几乎没有什么好印象。

我感到非常好奇，为什么他对这个推销员如此特殊对待呢？我提出了自己的疑问，而朋友笑着说："这个年轻人很聪明，几个问题就把我搞定了。"

那一天，朋友正在办公室工作时，这个推销员前来推销产品，客气地说："您好，先生。我的名字是乔瑞，是××公司的推销员，您可以叫我小乔。"

朋友头都没有抬一下，不耐烦地说："又是一个推销员，今天我这里已经来了好几个了。我现在工作非常忙，没有时间听你说话，请你快点离开吧！"

谁知推销员没有离开，而是快速地说："请您给我三分钟时间，我很快就能介绍完自己的产品。"

朋友更不耐烦了，说："我没有时间听你介绍，对你的产品也没兴趣。请你不要浪费我的时间。"说完，他就开始埋头工作，以为推销员会识相地离开。

不知过了多久，朋友总算忙完了手头的工作，想要走出办公室放松一下。可刚打开办公室的门，他就看见那个推销员还在等他，而且正在仔细地观看着墙壁上的照片——那是朋友举办的活动、签约仪式以及获奖证书的照片。

朋友惊讶地说："你怎么还没走？"

那个推销员笑着点头说："我刚出门就看见这些照片，随便看一看。"说完，他问朋友："先生，这些活动、项目都是您拿下来的吗？"

朋友没想到他会问这样的问题，便随意地回答："是的。"那个推销员接着问："您真的非常有能力，做出这么好的成绩。您做这一行多长时间了？拿下这些项目，肯定非常不容易吧？！"

听到推销员提出这样的问题，朋友放松下来，有感而发地说："是啊！真的非常不容易啊！我做这行已经快十年了，开始只是底层的员工……"随后，他谈论起了自己的经历，包括创业的艰辛、产品的优势、市场情况等。然后，他还给推销员介绍了某个活动是怎么策划的、中途遇到了怎样的困难、自己和团队是如何攻克困难的……

不知不觉，朋友竟然说了半个多小时。而那个推销员则认真地倾听着，时不时请教朋友一些问题，还顺带着夸朋友几句。

通过这次沟通，朋友对这个推销员的印象好了一些，不再排斥他的推销。之后，这个推销员又拜访了朋友两次，而且每次谈话都围绕着朋友感兴趣的话题来，直到朋友主动询问其公司产品的性能、特点后，他才正式介绍自己推销的产品。结果，朋友自然就爽快地签订了购买合同。

这个推销员为什么能轻松地搞定我这个固执的朋友，并且能够给朋友留下好的印象？就是因为他不是只关心自己的目的，而是先照顾朋友的心理，然后通过提问的方式聊朋友感兴趣的话题。如此一来，朋友的心理便发生了变化，由排斥慢慢地变成接受，再到喜欢和信服。

戴尔·卡耐基说："我喜欢吃草莓，但鱼喜欢吃蚯蚓。所以，在垂钓的时候，我以蚯蚓为鱼饵。"这句话用在这里再合适不过了。只要你能够学会了解对方的心理，从对方的需求和兴趣出发，就能和对方愉快地畅谈。

如果你还不知道如何提问，不妨听听我的两点建议：

1. 运用诱导式提问法，让对方不断说"好"

很多时候，你直接向别人抛出问题，很容易引起对方的警惕，从而不愿意回答你的问题。可你若能利用诱导式提问法，在提问中添加暗示性答案，或者将有争议性的问题藏在问题中，就可以削弱对方的警惕性，使其回答出你想得到的答案。

2. 向对方请教问题或夸奖对方

这种方法其实是利用了人们好为人师的心理。当你用谦虚、请教的语气来提问时，对方聊天的兴趣自然就会被激发出来，从而更愿意回答你的问题。谁不愿意被人尊重和夸奖呢？

比如某推销财务管理软件的推销员给某企业的老板打电话：

推销员：您好，我是××财务管理软件公司的推销员，请问能请教您一个问题吗？

老板不明就里，回答说：你说。

推销员：很多公司时常问我们，如何进行财务管理、产品分类，还让我们为他们介绍专业的财务人员。不知道您在这方面有没有什么好的意见？

接下来，这位老板滔滔不绝地阐述自己的观点，并且发现了自己的公司在这方面存在的问题，于是反过来询问推销员的公司是否有更好的解决方法。这样一来，推销工作就自然而然地完成了。

总之，是让对方高兴地与你畅谈，还是双方不欢而散，是让你成功地达到目的，还是被对方残忍地拒绝，关键就在于你能否顺着对方的心理，问出让他们感兴趣的问题，让他们说出自己想说的话。

只要你能做到这一点，不管对方是谁，就都可以轻松搞定。

机智回答，
不给对方留话柄

　　从小到大，我们每天都在回答别人的问题，比如老师的提问、陌生人的询问、对手的质问、亲人的疑问……在这一问一答的过程中，我们表达自己的观点、阐述自己的立场，并且与身边的人通过沟通建立良好的人际关系。

　　而你的回答，也成为你能否赢得他人的喜欢与尊重、能否取得事业成功的关键。当然，想妥善回应对方，并不是简单地回答"是"或"不是"就可以的。因为你不仅要考虑把回答的内容尽可能地讲清楚，还要回答得巧妙，最起码不能让自己陷入被动中。这就考验你的应变能力和情商了。

　　说到这里，想起前一段时间看过的一档智力竞赛节目，主持人提出一个问题："'三纲五常'中的'三纲'指的是什么？"

　　一个女生立即抢答："臣为君纲，子为父纲，妻为夫纲。"

　　由于心急，这个女生把答案说反了。平时我们也很可能会

137

犯这样的错误，一时口快就把话说反了。可这是比赛，一旦说反了，就不仅会丢分，还显得自己很鲁莽。

女生一说完，就已经意识到自己说反了。没等主持人说话，她就又开口了，说："其实我说的是新时代的'三纲'，毕竟我们早已不是封建社会了，很多东西都要与时俱进嘛。"

听她这样说，主持人笑着说："是吗？那你就给我们大家说一说所谓的新'三纲'吧。"

女生继续说："当下，各行各业都强调服务意识，上级要为下级服务，领导者要做群众的公仆，这不是'臣为君纲'是什么呢？每一个孩子在家都是父母的掌上明珠，处处受到父母的呵护和疼爱，家中所有人都顺着他，这不就成了'子为父纲'？同时，绝大部分男人都化身'宠妻狂魔'，凡事妻子说了算，岂不是'妻为夫纲'吗？"

女生的话音一落，主持人笑着说："虽然你的答案是错误的，可我不得不承认你的回答很妙、反应能力也非常强。我们大家给她一点鼓励的掌声，好不好？"

顿时，场上响起了雷鸣一般的掌声，所有人都为女生的回答叫好。

或许你会说："错了就是错了，这个女生不是强词夺理吗？"

可不要忘记，事情总是存在两面性的。正如主持人所说，女生虽然因为一时口快回答错了，可是她的表达能力和应变能力却令人佩服。最起码，她这个巧妙的回答让自己避免了尴尬，不是吗？

会回答，很多时候要比答案本身更重要。有时候，提问的人并不是真的想要你的答案，即使你给出了非常正确的答案，恐怕也无法满足对方的要求。他们或许就是想抓住你回答的漏洞，然后把这个漏洞作为把柄，达到攻击你的目的。

这个时候，你还需要认真回答他们的问题吗？显然，如何化被动为主动，解决掉自己的问题才是关键。

有一位作家，一直努力写作却始终没有走红，但是他从来没有放弃过。年复一年，日复一日，他的一本小说终于大卖，还获了奖。在颁奖典礼上，作家的一个老对头皮笑肉不笑地来到他身边，当着所有人的面说："我拜读过您的大多数作品，这本小说的风格跟您以前的作品不太一样。难道是因为借鉴了谁的作品？还是干脆找别人帮的忙呢？"这个老对头的话不可谓不狠毒，虽然语气、态度都非常的礼貌，却是非常直接的挑衅，矛头直接指向作家，指控他的获奖作品是抄袭或者找人代笔的。

如果作家在颁奖典礼上发怒，那么即使不是抄袭作品，第二天的新闻也会写得非常不堪入目；如果不反击，就是承认了抄袭、找人代笔的指控。

此时，只听作家不紧不慢地回答："真是谢谢您的夸奖了，您居然读过我的多数作品，对我的创作风格如此了解。那么请问，您下的定论，即这本小说的风格不像我之前的创作风格，是谁替您读了我的这本小说？"

作家用如此机智的语言化解了老对头的刁钻提问，不仅没有让颁奖典礼的气氛受到影响，还为这次颁奖典礼增加了新的噱头。

对于别人的提问，我们不能总是期望通过简单的应答就解决问题。若你这样想，就肯定会有吃亏的一天。只有运用智慧巧妙地回答，我们才能不被他人所误解、嘲笑、轻视，才不会让自己陷入尴尬中。

当然，回答技巧还有很多，但你必须记住以下两点：

1. 慢下来，不要轻易下结论

很多人已经习惯了对自己看到或听到的事情立即做出结论。当别人问他们对某件事情的看法或意见时，他们通常会利用惯性思维，给出自己认为正确的答案。可事实上，我们若没有洞察到对方的问话意图，就轻易给出答案，很有可能会中对方的圈套或得罪了人而不自知。

比如某个同事问你："你对×××有什么看法？"如果你不知道他们之间是什么关系、这个同事为什么会问你这个问题，就不要轻易回答这个问题。否则，你很容易给自己招来麻烦。

你不妨回应一句："我想先听听你的意见，毕竟我和他之间私下没有太多交集，不是太了解他。"

2. 拒绝不想回答的问题时，把话说得好听些

对于很多问题，你若不想回答，就有拒绝的权利。比如一些敏感问题、私人问题，你就可以选择拒绝回答。不过，拒绝的前提是要把话说得好听些，不要伤害彼此之间的关系。

有一个非常经典的故事，就足以说明这一点的重要性。

富兰克林·罗斯福在就任总统之前，曾在海军部担任要职。有一次，他的一位好朋友向他打听在加勒比海一个小岛上建立潜艇基地的计划。对于罗斯福来说，这位好朋友的问题是无礼的。既然是军事机密，又怎么能随便告知他人呢？

可罗斯福没有直截了当地回答："对不起，这是军事机密，我不能告诉你！"而是选择了巧妙的回答方式。

他神秘地向四周看了看，压低声音问道："你能保密吗？"

朋友以为自己的目的达到了，立即保证："当然能。"

而罗斯福则微笑地看着他说道："那么，我也能。"

看吧，如果能巧妙地回答对方的问题，即使你给出的答案不是对方想要的，对方也没有理由怪罪你。

总之，回答他人的问题，不在于说出"是"或"不是"，而

在于你如何把"是"或"不是"说得更巧妙、更机智。你只有解决了这个问题，才能让你的回答达到最佳效果。

不便回答的问题，
不妨"闪转挪移"

说话，最怕什么？当然是尴尬了。可我们谁也没有办法完全避免尴尬。即使你时时注意、处处小心，避免说出令人尴尬的话，也总有些人会有意或无意地问出一些令人尴尬的问题。

如果你不回答，或者说"不能告诉你"，别人就会觉得你很没有礼貌，或者故意曲解你的意思。尤其在这些问题藏有陷阱的时候，无论你回答或者不回答，都可能让自己陷入尴尬之中。

这个时候，最好的办法就是采取"闪转挪移"的方法。我们尽量把话题抛得远一些，让尴尬和危机消失于无形之中。

之前看过一档综艺节目，嘉宾是几个比较有名气的女演员，聊的话题是这几个女演员的演艺经历。节目组在节目最后设置了一个观众提问的环节，其实就是给粉丝一个了解偶像的福利。观众问的前几个问题都比较普通，比如拍戏过程中最苦的经历、将来的事业发展方向以及个人喜好等。

按理说，在这样的场合很少有人会问敏感性话题，比如女演员的绯闻、私生活等。可有一个观众打破了这种和谐的场面，她问道："××您好，我非常喜欢您的作品，希望将来能看到您更多的出色作品。我听说您的出场费很高，出场一次至少要100万元，是吗？"

100万元？这么高的出场费？所有人都在想，这个观众怎么问出这样愚蠢的问题？在公众场合问演员的出场费，是非常不礼貌的行为啊！这让女演员怎么回答呢？

只见女演员微笑着停顿了一会儿，然后回答道："您的问题确实难住我了。在回答这个问题之前，我能问一下您的职业吗？"

观众回答说："我是×××电器销售公司的业务员。这和我的问题有什么关系吗？"

女演员没有回答，继续问道："那你们公司都有什么产品呢？"

观众回答说："电视机、电冰箱、空调……都是生活中的常用电器。"

女演员又问道："那我想知道，你们公司的一台电视机大概是多少元钱呢？"

这个观众不明白女演员提问的意图，于是回答道："我们公司销售的电器都是中高档的品牌，每台电视机的价格都在5000元以上……"

女演员又说："那如果有人只出100元，想买你们一台电视机，您卖给他吗？"

观众立即反驳说："当然不能卖给他了。每个产品的价格都是由它的价值决定的，价值几千元的商品怎么可能卖100元钱……"

她还没有说完，女演员就说道："那就对了，我们演员虽不是商品，但我们的价值并不是个人说了算，而是由观众决定的。所以至于出场费是多少，也不是我们自己说了算的。"

不难看出，这个女演员的情商和智商都非常高，对于观众提出的这个敏感话题，她没有直接拒绝回答，更没有反驳观众的话。她聪明地把话题转移到了"是什么决定演员价值"的问题上。这样不仅解决了自己的问题，还使得现场气氛变得轻松起来。

当然，话题也并不是被抛得越远越好。如果人家提出场费的事情，你却说"今天的天气不错"，对方就会觉得你在糊弄他、不尊重他，那么，结果只有两种可能：一是对方不依不饶，继续追问；二是对方内心产生不快，对你产生意见。

可这两者都不是你想要的结果。既然如此，你就应该掌握回答问题的技巧，巧妙地转移话题，让对方识趣地停止发问。这一点，我们不得不佩服黄渤，因为他就是这方面的高手。

很多娱乐记者为了写出吸引大众的新闻，时常问一些敏感、刁钻的问题，让演员们不知道如何作答。我们都知道，黄渤的

颜值并不出众，时常被人开玩笑说"丑"，但每次他都能巧妙
地应答。

一次，黄渤参加一个节目，舞台上长相帅气的主持人提出
了一个非常刁钻的问题："马云说，男人的相貌与才华是成反比
的。关于这一点，您怎么看？"

这个问题显然就是暗指黄渤长得丑。如果黄渤承认自己颜值
低，就会被人当众取笑；可如果黄渤不承认自己颜值低，对方就
会嘲笑他不敢面对事实，甚至指出他间接否认自己有才华。

面对这个刁钻的问题，黄渤并没有感到难堪，而是微笑着反
问道："我相信这句话一定也一直激励着你吧？"

这个回答实在是太妙了，聪明地用主持人自己说的话巧妙地
反击了他。是啊！既然相貌与才华是成反比的，那么是不是说这
个长相帅气的主持人恰巧是没有什么才华的呢？黄渤运用一个反
问就把问题抛给了对方，让长相帅气的主持人哑口无言。

还有，黄渤在参加黄晓明的婚礼的时候，被记者追着提问：
"你会送什么礼物？""有没有给礼金？"

黄渤笑着回答道："人家什么都有，送他们一句暖心的祝福
就可以了。"

一位记者马上反问道："你难道没有送红包？"这个问题真
的很难回答，如果回答"送了"，记者又会问"送了多少"——
那么，就会涉及很多问题：如果送得太多，人们就会认为明星的

婚礼太过于奢华；如果送得太少，人们就会认为黄渤太过于吝啬……

此时，黄渤幽默地说："我不知道他会不会发红包。"黄渤故意误解记者的提问，给了记者一个出其不意的回答，既避免了回答问题，又不会让记者再继续追问下去。

转移话题，看起来似乎已经跑题了，可我们要知道，这恰好是"闪转挪移"的目的。所以说，对于那些不便回答的问题或不想回答的问题，我们把话题抛远点真的是一种不错的选择。如果我们能运用得好，就不会让自己陷入尴尬，还可以避免很多不必要的麻烦，一举两得。

第 7 课

柔和感

你说话的委婉度，
决定了你的人际关系

因为表达方式不对，好意的提醒、
劝诫会被别人当作恶意的攻击；因
为表达方式不对，善意的拒绝、批
评会让自己得罪他人。说话，关键
在于委婉、柔和，在于把话说得让
人听着舒服。如此，你还愁不受人
欢迎？

给人提建议，
尝试把话说得柔和些

"提建议，真不是一件容易的事情。把话说轻了达不到效果，把话说重了又容易得罪人。有时候，我就想提个建议，怎么这么难呢？"

听着朋友丽丽的抱怨，我不禁笑着说："谁让你那样直接呢！难道你就不能改变一下说话方式吗？"

很多时候，我们虽然不能改变别人，但可以改变自己。既然是提建议，不管是主动的还是被动的，都有可能引起别人的反感，因此应该尽量改变说话的方式，让对方笑着采纳你的建议。

原来，丽丽的一个姐妹想要剪个流行的"辛芷蕾头"，请她给个建议。谁知道，她随口就说："你这个大饼脸，不适合剪什么'辛芷蕾头'。而且现在十个人中有八个人都是这款发型，我劝你还是放弃吧！"

你看，人家只是问你意见，你却说人家"大饼脸""不适合"，这不是给人家添堵吗？人家能高兴地接受才怪？！说不定还会心生埋怨！

所以说，你的建议是否被别人采纳，不仅要看对方的接纳能力、包容心，还要看你的意见是否合理、正确。简单来说，要看你是否能把话说进对方的心里，你若不会说话，即使你的建议再合理、你再为对方着想，也不能让对方接受，甚至还可能得罪对方。

可你若会提建议，能够委婉地说出自己的建议，对方自然就不会拒绝了。

下面讲的这个故事，就讲出了会提建议和不会提建议的区别。

相传汉武帝年间，雍州有个小吏叫曹迟，他头脑聪明、为人忠诚，深得上司的赏识，于是被升任为雍州一个县的县尉，辅佐县令处理政务。

因为人生地不熟，所以曹迟想事先打探一下该县的民风民情，以及县令的为人和官风。于是，他乔装打扮成过路客商，在街头巷尾倾听百姓们的心声。

一打听，曹迟才知道，上一任县尉只做了短短的半年，就因为经常顶撞县令而被县令革了职。其实，这上一任县尉也不是高傲、没有规矩的人，只是做事说话太刻板了，平时有什么就说什么，不知道委婉地说明问题，结果激怒了县令，才落得被革职的结果。

那这是不是意味着县令是个顽固的人，平时做事非常严苛、固执呢？原来，这个县令虽然为官清廉，可才能有限、施政不灵活，所以上一任县尉才冒着触犯上司的危险，一而再再而三地提建议、指明错误。也就是说，这个县令和上一任县尉都没有什么大错。

这样一来，曹迟心里便有了底，知道如何和他的顶头上司打交道了。他想：我说话一定要多加小心，不能直接指出县令的错误，更不能直白地提出建议，否则自己很可能与上一任县尉一样，落得一个顶撞上司、不配合工作的罪名。这样一来，自己怎么在官场立足，又怎么实现自己的宏图大志？

当然，曹迟也不会只做个温顺听话的下属，不能一切都听县令的。曹迟想，要是这个县令才能出众也就罢了，偏偏他才能有限，如果自己不在一旁尽心尽力地辅佐，也不符合自己为官做人的原则。

曹迟想了好一会儿，才想到一条妙计，他决定表面上糊里糊涂地顺着县令，但是在暗地里旁敲侧击地给县令一些建议。

没过多久，县令在他的辅佐下改正了很多缺点和错误。而且，县令的脾气都变得温和起来，能够听取下属的意见和建议，越来越受到大家的尊重和欢迎。

在县令和曹迟的努力下，当地的民风为之一新，百姓的生活也变得越来越好。后来，这个县令还向上举荐了曹迟，让他成了附近一个县的县令。

为什么同样是提意见，曹迟和上一任县尉的结果却截然不同呢？原因就在于曹迟没有直接提建议，更没有与县令争辩和理论。他采取了旁敲侧击的方式，从侧面表达自己的见解、指出县令的错误。这就是他比上一任县尉聪明的地方。

记住，你是在给别人提建议，而不是与别人争论，更不是为了让别人下不来台。现在就连长辈对晚辈、上司对下属都不再运用命令、指责的沟通方式，而是选择温和地提建议，我们还有什么理由把建议说得那么直白，让别人下不来台呢？

很多时候，你觉得自己提建议是为了对方好，避免让对方犯错误，可如果你的语言过于强硬，你的好意就会被遮蔽，很容易让对方产生不舒服的感觉。

"良药苦口利于病，忠言逆耳利于行。"这是中国的古训，可"逆耳"并不是我们说"忠言"的目的，既然好听的话也可以达到很好的说服效果，我们为什么非要把它说得那么令人无法接受呢？

聪明人，能够提建议，更能够让人心情愉悦地接受自己的建议。所以，我们不妨改变自己的说话方式，让自己的话变得柔和些。总之，你的话让对方听着舒服，你说出来的建议才更有分量。下一次提建议时，你知道如何去做了吧？

躲开正面批评，
让规劝在暗中进行

你是不是有过这样的感受：

明明已经准备去学习，但听到妈妈严厉地说："怎么还在看电视？赶快去学习，要是考试考不好，看我怎么收拾你！"顿时你就不想学习了，非要再看一会儿电视不可。

明明不喜欢某个东西，但听到别人挑剔地说："这个东西并不好，你千万不要买！要是不听我的建议，你肯定会后悔的！"顿时你偏想尝试一下，似乎想证明对方的眼光不行，而你自己是正确的。

明明觉得自己的文案不成熟，准备把它再修改一番，但如果听到上司的批评："你的文案不合格，必须再修改一遍！"顿时你觉得委屈得不得了，并且不服气地在心里嘀咕："怎么就不合格了？我觉得这个文案写得挺好的！这个上司实在太挑剔了，整天就知道找我的碴儿。"

人就是这样，别人越是告诉我们"你应该怎样去做"，我们就越不想按照别人的"指令"去做，偏偏想朝相反的方向去做。

这是因为，每个人都有叛逆心理，天生就不喜欢被命令、被说教。哪怕我们明明知道自己是错的、明明知道应该接受别人的建议，可一旦对方直接告诉我们"你应该……""你不能……"，我们就会习惯性地刻意地与其作对。

总之，因为不喜欢被别人命令，所以我们无法忍受别人的指责；因为自尊心作祟，所以我们不爱听别人的批评；更因为有叛逆心理，所以我们故意和批评自己的人作对。

可问题来了，我们是真的听不得批评吗？其实并非如此。仔细思考一下，我们就可以知道：我们难以接受的并不是批评本身，而是别人的批评方式。对方若能够委婉地提醒我们的错误、给出积极的建议，那么我们的内心就不会那么排斥，反而会高高兴兴地接受批评，并且还会感谢对方的帮助。

批评，如果想让人爱听、想真正让批评起到作用，就应该避免太过于直接、强硬。如果避开正面的批评、避免使用一些比较冷或硬的词语，批评得委婉一些，别人接受的概率就会大一些。

我的一位朋友是职业经理人，他就是这方面的高手。前几年，他被某企业聘为销售经理，由于年纪轻轻，又是"空降兵"，所以很多老员工都不是很服气，也不把他放在眼里。

就在他上任的第三天，一名员工就因为头天晚上陪客户喝酒，早上上班迟到了。如何处理这件事呢？如果直接批评该员工，可能不利于他这个"新官上任"的经理开展下一步工作，而且他也知道，该员工肯定义正词严地说："我这是为了工作，要不是因为陪客户喝酒，我怎么能迟到呢？"可若不批评该员工，他这个经理的工作就更不好开展了。

朋友想到了一个解决问题的办法。早会快结束的时候，朋友随意地问道："小赵，你今天怎么迟到了？是不是身体有不舒服的地方？"

该员工解释说："我昨天陪客户喝酒了，回家实在是太晚了。而且我们都喝得不少，所以我早上就没能按时起床。"显然，这是该员工提前准备好的说辞。

朋友听完这话并没有生气，而是用一种轻松的口吻问道："看来你的酒量不错啊！平时能喝多少啊？"

这名员工和其他人都愣住了，没想到自己的上司会这样说。于是，他回答说："还行吧，一次也就是一斤白酒左右吧。"

朋友接着说："你已经很厉害了！以后公司开拓业务需要应酬时，你可就是主力队员了！"

这名员工乐呵呵地说："不行，不行。我这都是陪客户喝酒练出来的。您也知道，我们做销售的真是没有办法，必须舍命陪客户啊！"

听这名员工说了这样的话，其他员工都笑了起来。朋友也笑着说："没想到你还挺幽默的。"一下子，气氛变得活跃起来，所有员工也都不那么拘谨了。

接着，朋友顺势问道："那你今天还有酒局吗？是不是还需要陪客户？"

这名员工以为自己的上司有什么安排，便连忙说："没有，我今天晚上什么应酬也没有。"

朋友笑着说："那就好！那么晚上早点睡，明天别再迟到了。"

顿时所有人都明白了朋友这句话的意思，而那名员工也不好意思地挠了挠头，随口答应下来。从此之后，那名员工再也没有因为喝酒迟到过，而其他员工也为朋友的做事方式所折服。

事实上，多数人犯了错误，自己内心是清楚的，并且已经做好了接受批评的准备。但即使有所准备，心里也会设定一个底线，如果你的批评太过于直接、强硬，超过了他内心的这个底线，他就会产生逆反心理，不再愿意承认自己的错误。

所以，我们需要把我们的批评适当地"包装"一下，让批评在"暗中"进行。对此，我那个朋友提出了自己的几个秘诀，如果你想学习一下，我就在这里借花献佛。

朋友说："批评的话如果能巧妙地说，多一些暗示，少一些直接，多一些委婉，少一些严厉，那效果自然就不一样了。"现在看看他是如何说的吧！

1. 批评之前，先进行赞美

任何人都不喜欢听批评的话，就更别说那些直接、刺耳的批评了，所以，在批评对方之前，我们可以先找到对方的优势和闪光点，肯定并夸赞对方，当对方的态度软化后，我们再说出批评的话。那么接下来的批评之语就会变成阳光雨露，大大提升批评的效果。

千万不要说找不到对方的优点，即使再顽劣的人也一定有值得称赞的地方。

只要做到这一点，就会让你更容易达到批评的目的。

2. 不要直接说"你错了"，委婉地说出批评的话

一开口就将"你错了""你不对"说出口，是最不理智的行为，势必会让被批评者感到内心不舒服。这是因为否定的词语很容易让对方在心理上产生排斥，激起对方的逆反心理，反而让你达不到批评的目的。

可如果我们试着说："你觉得这样对吗？""是不是改掉这一缺点更好一些？"这样的批评的话就更容易让人接受。

所以，批评他人不是不可以，但要做到委婉、柔和，最好在暗中进行，才可以轻松地达到批评的目的。

拒绝一旦拥有温度，
朋友就不会反目

好好说话，很重要。因为说出去的话就像泼出去的水，是收不回来的。无论你是赞美了别人、夸奖了别人，还是拒绝了别人、批评了别人，都将在对方的内心留下印记——愉快或者不快，甚至伤害，这些都是很难改变的。

正是因为如此，我们才更需要好好说话，尤其在拒绝他人的时候，更要尽量让自己的话语带有温度。

很多人都抱怨："我不就是拒绝了他吗？为什么他会如此生气？难道我就没有拒绝的权利吗？""这个人怎么这么小气，不就是没答应帮助他吗？他怎么就生气了呢？"

可不妨想一想，你是如何拒绝对方的呢？是冷酷地说"不，我不能帮助你"或"不行，我不同意这个请求"，还是态度生硬地说"这不是我的义务，我必须拒绝你"，抑或嘲讽地说"你怎么提这么愚蠢的要求"……如果你的答案是以上几种之一，那么就不能怪别人生气，并且怪罪于你了。你拒绝他人时毫不留情，又怎么能奢望对方能平静地接受，然后再客气地说"没关系"呢？

俗话说："良言一句三冬暖，恶语伤人六月寒。"即使你拒绝他人，说出的话也没有必要那么生硬冷酷。因为这不仅会让人感到难堪，甚至心生怨恨。在对方看来，你说出来的话直接伤害了他，完全没有给他留任何情面。

关于这一点，朋友小小深有感触。小小是爽快、干脆的人，不管做什么事情，都最讨厌拖拖拉拉、磨磨叽叽，平时说话也非常直接，有一说一，绝不模糊。可就是因为这一点，她得罪了一个朋友。

小小这个朋友是做微商的，主要销售母婴用品。因为小小刚刚生完小宝宝，需要纸尿裤之类的婴儿用品，所以这个朋友便急着向她推销自己的产品。

小小并不想使用微商产品，因为她时常看网上的新闻，说很多微商产品没有质量保障，总会出现各种各样的问题。于是，她立即上网查朋友推荐的这个品牌，果然，并没有在网上查到该品牌的相关信息。虽然不能确定它就是三无产品，可她也不敢拿宝宝的健康做赌注。

于是，当朋友再打电话来的时候，她直截了当地说："我在网上查询了一下，好像没有看到你们公司的相关产品信息，你们的产品合格吗？给孩子用的产品，我可不能掉以轻心，所以我……"

她还没有说完，朋友就生气地说："你不买就不买吧，怎么还说我们的产品不合格呢？现在我们的产品很受欢迎，很多人都抢着来买，因为咱们是朋友，所以才向你推荐的。你还怀疑起我们的产品来了，真是太过分了！"

小小刚想要解释，朋友就生气地挂断了电话。事后，小小委屈地和我抱怨："我说的是实话啊！她为什么那么生气？！难道因为她是我的朋友，我就必须买她的产品，不能拒绝她了吗？"

我苦笑地摇头，说："你可以拒绝，可是为什么不能委婉些呢？"

小小不解地问："怎么委婉？万一对方不知道我在拒绝她呢？我岂不是在浪费时间和口舌？"

生活中很多人都是这么想的，认为直接拒绝对方才能快速解决问题。可是他们没有想过一个问题——拒绝之后呢？你拒绝得干脆、漂亮，可是容易得罪人啊！难道因为一次拒绝就得罪一个朋友，值得吗？

拒绝，是你自己的权利。可要拒绝，非要说得那么直接，甚至生硬、冷酷吗？显然，这不是聪明的做法。

小小完全可以把拒绝说得委婉一些："我家宝宝还太小，婆婆说现在最好不用纸尿裤……""我先了解一下，等需要的时候再找你啊！"相信，聪明人都可以听出这里面的拒绝，不会再进一步强行推销产品。这样一来，小小既达到了自己拒绝的目的，又没有得罪朋友，岂不是两全其美?

可以说，你说话的温度，决定了他人对你的好感度。所以，拒绝他人时，我们不妨给话语加加温，让态度尽量温和些，让语言尽量委婉些。只要我们的话充满了温度，不再是冷冰冰、简单粗暴，那么对方就会感受到我们的真诚，不会因为我们的拒绝而心生怨恨。

或许有人会说，我若一味地用词委婉，对方一直理解不了我的拒绝，或者即使知道我在拒绝，故意装作听不懂，那我岂不是要浪费更多的时间? 岂不是要忍受对方三番两次的纠缠? 等到我不耐烦了，再说出拒绝的话，岂不是同样伤害彼此的感情? 这个时候，我们就需要掌握拒绝的技巧了。虽然我们需要注意增加话语的温度，尽量避免生硬、冷酷的拒绝，可这不代表我们的态度就是摇摆的、模棱两可的。想要拒绝得有温度，又能起到很好的效果，我们就应该做到用词委婉、态度坚决。

总之，拒绝是一门大学问，既要有温度，又要避免模棱两可，这样的拒绝才最有智慧。

面对不喜欢的异性，
让他体面地收回热情

爱情令人向往，每个人都希望能遇到属于自己的那一份爱，或者甜美，或者浪漫，或者轰轰烈烈，或者平淡幸福。爱情，是一种你情我愿的美好，你喜欢的那个人，恰好也喜欢你。

可美好的爱情并不是你想得到就能够轻易得到的。很多时候，你喜欢的那个人，不喜欢你；而喜欢你的人，却偏偏无法打动你的心。

这时候，面对自己喜欢的人，有的人选择大胆地说出自己的爱，有的人选择把这份爱藏在心底，然后把它当作美好的回忆。可不管你怎么选择，都应该明白一个道理：爱，不能强求。如果对方不喜欢你，你就应该果断地放弃，然后潇洒地转身，而不是苦苦纠缠一个并不喜欢自己的人。

当然，爱，不能强求，你不能强求别人，别人也无法强求你。所以，面对喜欢你而你却不喜欢的人，就应该果断地拒绝，千万不要因为喜欢享受别人的追求而犹犹豫豫、拖拖拉拉，否则不仅会伤害别人，也会伤害你自己。

我以前认识的一个女生，她长得非常漂亮，身边围绕着很多追求者。可面对这些追求者，女生既不答应与哪个人交往，又不拒绝哪个人的追求。你说她与每个人都关系暧昧吧，她又不接受他们的礼物和金钱；你说她拒绝了别人的追求吧，她又时常和追求她的人一起出去玩，而且始终都没有说出拒绝的话。

我非常不理解这个女生的行为，一个朋友却点出了她内心的想法："其实，这个女生就是有些虚荣心，享受别人围着她转的感觉。"

就这样，这个女生一直享受着那些男生的追求，有时候还向女同学炫耀。时间长了，一些男生知道她不喜欢自己，便放弃了追求，可有一个男生不一样，对她始终如一。

直到有一天，这个女生遇到了自己真正喜欢的人，甜蜜地谈起了恋爱。这时候，始终追求她的那个男生再也无法忍受，气急败坏地找到这个女生，愤怒地质问："你怎么移情别恋！我们不是一直在交往吗？"

这个女生惊讶地说："我什么时候和你交往了？！"

男生说："我追求你，你没有拒绝啊！而且，每次我约你出来玩，你都答应了。难道那不是答应了我的追求吗？"

这个女生急忙解释说："我只是把你当普通朋友，并不喜欢你啊！"

男生不依不饶，问道："既然不喜欢我，那你干吗还和我在一起？我看你就是脚踏两只船，早知道你是这样的人，我才不会在你身上浪费时间！"说完，男生愤怒地离开了。

女生的男朋友很快就知道了这件事情，误会她是脚踏两只船的人，立即表示要分手，即使她再怎么解释也没用。最后，女生的男朋友给她留下了一句话："你把那个男生当什么了，备胎吗？即使我相信你不是脚踏两只船，也不喜欢你这种喜欢玩暧昧的女生。你只顾着满足自己的虚荣心，却伤害了别人，这是我无法接受的。"

这个女生可怜吗？确实有些可怜。可这又能怪谁呢？女生的男朋友说得没错，虽然她没有主观伤害那个男生的意思，但是她的不拒绝、不接受，她的暧昧，却伤害了那个男生。当然，她也因为自己的愚蠢而弄丢了自己的爱情。

面对不喜欢的异性，果断地拒绝就是最好的选择。这是对对方的尊重，更是对自己的负责。当然，拒绝也需要注意方式、方法，不能太过于简单粗暴。如果别人用满腔热情来爱你，即使你不爱他，也不能伤害他。否则，如果遇到性格极端的人，岂不是会让自己陷入危险的境地？

我们身边就有这样的实例，某个女生因为拒绝男生的追求而被伤害。所以，面对不喜欢的人，既要表达自己的拒绝之意，又不至于让对方伤了自尊和面子，这才是聪明的做法。

某同事是一个大美女，性格开朗，漂亮能干，所以有很多条件不错的追求者。这还不是最令人佩服的，最令人佩服的是，她总是能很好地处理自己与这些追求者的关系，把他们变成要好的朋友。

在一次商务聚会中，美女同事遇到一位年轻有为的男士小张，两人成了私交不错的朋友。经过一段时间的相处后，小张喜欢上了美女同事。可美女同事只是拿他当普通朋友，从来没有想过与他发展超出友情的感情。

在一次聚会中，几个关系不错的朋友都看出来小张对她的喜欢，于是开玩笑地说："小张可谓青年才俊，应该有很多女生喜欢和追求，怎么就没有女朋友呢？！××（美女同事），你也算是大美女，却没有谈过恋爱。不如今天我们就做了这个媒，撮合你们在一起吧！"

小张正有此意，就借着别人的"玩笑"，委婉地表达了自己对美女同事的好感。面对这样的情况，美女同事既不好当面拒绝，又不好默不作声。如果她当面拒绝的话，就会让小张在所有人面前丢面子，之后两人就没有办法相处了；可如果她默不作声的话，恐怕所有人都会误会自己，之后自己就很难澄清了。

于是，她开玩笑地说："小张这么出色，我可不想独占这么好的一个人啊！要不然，追求他的那些大美女还不把我吃了！"

听了这话，小张就明白了美女同事的意思，便给自己找了一个台阶下，说："是啊，我怎么可能没女朋友呢！你们就不用白费心思了！"

其他人哈哈一笑，纷纷说他"太过于自恋""吹牛"。瞬间，尴尬的气氛一扫而光。

可见，如果你不想因为你的拒绝而导致双方连朋友都没办法做，完全可以巧妙地运用这种拒绝方式。只要对方不是特别糊涂或者特别执着，一定会明白你的拒绝，给彼此一个很体面的台阶下。

爱情是美好的，如果你喜欢对方，恰好对方也喜欢你，那么就享受浪漫的爱情吧；可如果你不喜欢对方，就应该果断地拒绝，且注意用词委婉，让对方体面地收回追求你的热情。

把话说死，
尴尬的只能是你自己

　　见一个朋友哭丧着脸，我便问他是否出了什么事。朋友唉声叹气地说："今天我才知道什么叫'说话留一线，日后好相见'，如果当初我没有说出那样的狠话，恐怕也不至于面临今天尴尬的困境！"

　　究竟是怎么回事呢?

　　原来朋友自己开了一家公司，生意虽然不是很大，可效益还是不错的，手底下有十几个员工。三年前，他聘用了一个年轻人。年轻人刚刚大学毕业，能力还算不错，可就是有些浮躁，做事不太用心。一次，朋友交给他一个项目，让他策划活动方案，谁知这个年轻人屡屡犯小错误，差点搞得策划案不能按时提交。

　　朋友十分生气，劈头盖脸地骂了年轻人一通。要说这个年轻人也是年轻气盛，一时气不过就顶撞了朋友几句。朋友更生气了，大声地喊道："你犯了错，难道我还不能说你了？你年纪轻轻不知道虚心学习、不懂得认真工作，怎么可能做出成绩来？"

年轻人依旧不服气，反驳道："我不就是犯了个小错吗？你凭什么说我不能做出成绩？凭借我的学历和能力，肯定能做出不错的成绩！"

朋友也是被气坏了，嘲讽地说："就凭你？！今天我就撂下一句话，你要是能做得好，我这个姓就倒着写！还别说我瞧不起你，你这样不知天高地厚的年轻人我见多了，哪一个不是一瓶子不满半瓶子晃荡！"

结果，年轻人受不了朋友的批评，愤然离职了。他离开前，给朋友放下了豪言："我一定会比你更成功！你等着瞧吧！"

朋友并没有太在意，过了一段时间，就把这个年轻人的事情淡忘了。可最近朋友又遇到了这个年轻人——朋友正在和一家行业内知名的公司谈合作，若能够拿下这个项目，他的公司将会登上一个新台阶。可当见到合作公司的项目负责人时，朋友傻眼了。

没错，你猜对了，合作公司的项目负责人就是当初那个愤然离职的年轻人。他此时是合作公司的项目经理，专门负责与朋友合作的相关事宜。在朋友愣神的间隙，年轻人微笑着说："李总，好久不见。您当初说我肯定没出息，看来您是看走眼了！"

而朋友只能尴尬地迎合着，怪自己当初不该把话说得那么绝，不然也不会出现今天的尴尬场面。今天，年轻人所在的公司是甲方，而且这个项目有很多公司在抢着做，朋友此刻就像案板上的肉一样，只能任由对方处置了。

朋友苦恼地说："早知有今天，当初何必那么做呢？我这是给自己挖了一个大坑啊！你可要记住我的教训，不管什么时候，都不要把话说得太狠、太死了！"

看着朋友苦恼的样子，我真的感触颇深。没错，很多时候，我们把话说得太死，不给自己和别人留任何空间和余地，结果往往会自食其果。

可不幸的是，懂得这个道理的人并不多。人们总是喜欢说狂言、放狠话，比如和朋友闹不愉快了，便狠狠地说："从今以后，我们一刀两断，再无瓜葛！"再比如，遭到了朋友的拒绝，便会心有不甘地说："我之后就是饿死，也求不到你的门口！"还有面对前来寻求帮助的亲戚或朋友，信誓旦旦地说："这就是小事，包在我身上吧！我一定会帮你解决！""你就放心吧！这件事情不给你办好，你就不用认我这个朋友了！"

可要知道，说话就像往杯子里倒水一样，你把杯子倒满了，再也倒不进一滴水，水就会溢出来。说话时，如果你把话说满了，不给自己留一点回旋的余地，一旦你没做到，就是搬起石头砸了自己的脚。

聪明人，说话都是有分寸的，他们总会告诫自己："话，别想说就说，要先掂量掂量再说。"

《礼记》中说："君子道人以言而禁人以行，故言必虑其所终，而行必稽其所敝，则民谨于言而慎于行。"意思是，君子用语言来引导人们的言行，告诉他们什么事情可以做、什么事情不可以做。所以君子在说话的时候，一定要考虑最终的结果，在行动的时候，也一定要考虑到可能引起的后果，这样人们也会谨言慎行。

总之，一个人要知道什么话能说、什么话不能说，说话的时候，一定不能逞口舌之快，要考虑到你说完话的结果。我们只有做到了谨言慎行，才不会给自己造成不良的影响。

其实，这也并不是什么难题，只要你能注意以下两点：

1. 控制自己的情绪，不要咄咄逼人

说话懂得给人留余地，是一种智慧。可一旦发生了不愉快、冲突，有些人就会控制不住自己的情绪，说出咄咄逼人的话，以为把别人逼得无话可说就是获得了胜利。殊不知，兔子急了还会咬人呢，更何况被逼得已经无路可走的人。

如果他人被逼得无路可走了，就可能做出激烈的反应。到那时，你就可能遭到反击。所以，不管什么时候，我们都要控制好自己的情绪，切不可不顾一切地说出不可挽回的话。

171

2. 谦虚一点，对于未知的事情不要信口开河

不管到什么时候，都谦虚一点儿，不信口开河、不把话说得太满、太死才是聪明人的选择。

常言说，人外有人，天外有天。若不够谦虚，把话说得太死，那么等到"打脸"的那一天，我们就会沦为他人的笑柄。就像我那个嘲讽年轻人的朋友，就像那些夸下海口、给任何人都打包票的人……

记住曾国藩的这句话："福不享尽有余德，势不使尽有余力，话不说尽有余地，事不做尽有余路，情不散尽有余韵，心不用尽有余量。"若不想日后不好相见，我们就给自己和别人都留一些余地吧！

第 8 课

幽默学

一开口就使人欢笑，
让表达有趣又有料

高情商的人，都是幽默的表达者。幽默的话语不仅可以让你赢得他人喜欢，还可以让你远离尴尬。当然，幽默不是逗笑，更不是讲段子，它是一种人生智慧。真正的幽默，不仅能把笑声带给自己和他人，还能把舒服感、愉悦感带给所有人。

别陷入庸俗，
幽默也是高雅的艺术

问你几个问题：幽默是什么？你是幽默的人吗？你真的懂幽默吗？

"这还不简单吗？幽默就是诙谐有趣，善于调节气氛，会开些小玩笑。"

你若这样回答，我只能说你是真的不懂幽默，确切地说，你把幽默看得过于肤浅和狭窄了。幽默是一种智慧，不是单纯的讲段子、说笑话。英国大文豪莎士比亚说："笑要有智慧，幽默不是单纯逗乐，还要排斥庸俗。"俄国作家赫尔岑则更直接地表示："笑，绝不是一件滑稽的事。"

可生活中很多人时常误把开玩笑、拿人逗趣当作幽默，动不动就拿别人开玩笑，甚至取笑别人的缺点、缺陷。当所有人被逗得爆笑的时候，他们就会以这个玩笑为傲，逢人就说。若被开玩笑的一方表示不满，他们便理直气壮地说："你这个人怎么不识逗呢？不就是跟你开个玩笑吗？你怎么这么没有幽默感呢？"

可我不禁想问，凭借自己所谓的"幽默感"，就可以肆无忌惮地伤害别人吗？就可以拿别人的痛处来开玩笑吗？这究竟是逗笑了别人，还是逗笑了你自己？

我们都无法否认，适当地开玩笑可以活跃气氛，可若只为逗笑自己，那不是开玩笑，更不是幽默，那只是显示出了你的无礼、毒舌而已，说明了你是一个低俗、没有教养的人。

千万不要小看所谓"玩笑"的攻击力，被攻击的事情没有发生在你身上时，你永远也无法理解被攻击者内心的痛。尤其是对于那些内向、自卑、自身又有缺陷的人来说，你的一个玩笑就有可能把对方打入深渊。

曾经在网上看到一个悲剧。一个中学生跳楼了，幸好被楼下的树枝挂到，所以没有生命危险，可小腿、手臂却骨折了。而这一切的起因就是一个看似无恶意却庸俗无趣的玩笑。

这个中学生的班主任平时说话有些尖酸刻薄，时常讽刺学习成绩差的学生。而这个中学生成绩不是很好，总是处于班级中下游。那段时间，她的成绩又下降了，可体重却飙升了。

在一次考试成绩公布后，她的班主任当着全班同学的面，嘲笑她说："我以为我教学水平还不错，没想到却栽在你手里了。你硬生生把我这个老师逼成了一个饲养员！"

听到这话，全班哄堂大笑，有的学生还笑得前俯后仰。而这个中学生羞愧难当，脸红到耳根，眼泪止不住地流了下来。很快，老师的话就被同学们当作段子传开了。一些调皮的学生甚至当着她的面说："你可真厉害，把老师逼成了饲养员！""老师想当饲养员，我可不想当猪！"

没过几天，这个中学生就因为无法忍受这些冷言冷语跳楼了。幸好没有生命危险，可她再也无法在这个学校读下去，康复出院后就转学了。

有的时候，你自以为的"幽默""玩笑"，其实就是伤害、杀死他人的武器。我们相信，那位班主任并没有什么恶意，那些学生也只是顽皮而已，可他们之中的任何一个人有没有想过当事人的感受？

显然没有！幽默是一种智慧，也是一种高雅的语言艺术。可气的是，很多时候，有些人总是因为把握不好幽默的分寸而说出令别人尴尬的玩笑话。他们明明知道这样说话会伤害别人，却依旧肆无忌惮地开玩笑，然后再给自己的毒舌找借口，标榜自己"幽默""性格直爽"。

生活中不是没有这样的人，我之前遇到的一个年轻人就自诩"幽默的毒舌"。

他和几个同事一起聊天，其中一个同事比较胖，穿的衣服有些紧，他看到人家走过来，大声喊道："原来是你啊！远远看去，我还以为是一只大熊呢！"这个同事顿时就不高兴了，转身离开了。他却哈哈大笑起来，说："她怎么走了？我以为她这种身材的女人，已经不在乎别人怎么说了呢！"

听说朋友失恋了，他不仅没想办法安慰朋友，反而拿朋友的伤心事来取乐："哎呀，我早就知道你们长不了，你看她那么漂亮，怎么可能看上你！你是长得帅啊，还是富二代啊？"

蔡康永说过："你说什么样的话，就是什么样的人。"故意取笑、伤害他人的人，必定也不是有教养的人，而他们说出的话也难以脱离低俗、庸俗。显然，上个例子中的主人公就是一个没教养的人，打着幽默的幌子，故意说伤害他人的话。

幽默不是拿人取乐，也不是单纯地逗趣和讲段子。真正的幽默要以健康高雅为基调，以轻松愉快的形式去揭示深刻、严肃、抽象的道理。

一个人的幽默感不是装出来的，也不是靠"毒舌"得来的。真正的幽默，不仅能把笑声带给自己和他人，还能把舒服感、愉悦感带给所有人。所以，别让你所谓的"幽默"成为伤人的利器，别让幽默陷入庸俗、低俗，才算懂得了幽默的智慧。

遭遇突然冒犯，
幽默地挽回脸面

你有被人认错的时候吗？相信很多人都会拼命地点头吧！走在路上，突然有人拍你的肩膀，然后说："你怎么在这里？！"或者在聚会上，有人和你打招呼："×××，你不认识我了吗？"

遇到这样的情形，你有怎样的感觉？尴尬？错愕？或许这两种感觉都有。那么，接下来你要如何回答对方才能避免让双方陷入尴尬？

我曾经看过黄渤的一个演讲，在演讲中，他讲了一个类似的故事。

有一次在机场，一个人在后面狠狠地拍了他的肩膀一下，说："你干吗去啊？"黄渤吓了一跳，回头一看，发现自己并不认识这个人，可既然别人和自己打招呼，自己就不能不理不睬啊。于是，他回答道："我去上海啊！"然后，两个人就你一句我一句地闲聊起来。

那个人说："我看过你演的很多部电影，实在是太喜欢你了。"这时，黄渤才知道这个人是影迷。谁知那个人接着说："我最喜欢的就是那部电影，我看了很多遍……就是你和刘德华演的那一部。"黄渤想了想，在心里对自己说："我没有和刘德华演过戏啊！"于是问道："你说哪一部电影？"

那个人说："就是那个还有李冰冰的……对……就是那个《天下无贼》，你演得太好了！"

这时，黄渤才发现，这个影迷把自己错认为王宝强了。但是，黄渤并没有直接说出来，更没有打断对方的谈话。两个人一边走一边聊着，最后，那个人要求黄渤给他签名，黄渤也痛快地答应了，并且签了三个字——王宝强。

事后，黄渤说："不让别人尴尬，就是不让自己尴尬。他高兴了，我也避免了尴尬。这是皆大欢喜的事情啊！"

这话说得非常对，很多时候，尴尬是别人无意间制造出来的，如果你觉得自己被冒犯了，义正词严地把人家的错指出来，那么更尴尬的就是你自己。可你若能灵活应对，用幽默来缓解尴尬，就不会让自己出丑。

虽然黄渤是用调侃的方式说出的这件事情，可不得不承认，他的高情商和幽默真的令人拍手叫绝。试想，他若因为被认错而恼羞成怒，指责对方："你有没有眼睛，难道连我是谁都认不出来？"这样做是不是也会让自己丢脸？或许这件事还会成为大众口中的笑料。

不管你有没有幽默细胞，都应该学会幽默的说话方式。尤其在被人无意冒犯的时候，你用幽默的话语转移一下话题，或者适当地自嘲一下，不仅不会让自己出丑，还会让对方感受到你的幽默和宽容，从而化解对方的戾气。

有人曾这样说过："笑的金科玉律是，无论你多想笑别人，都先笑自己。"没错，想让别人不嘲笑你，你就应该先学会自我调侃。这样做不仅把自己的缺点和过失呈现给对方，还通过幽默的方式把自己的脸面"挣"了回来。

自嘲不仅是高情商的体现，更是自知、自娱和自信的表现。现在很多人都善于自嘲，如果形容自己"脸大"，就说自己"身高一米六，内心二米二"。尤其是娱乐圈的一些明星，当汹涌的恶意和嘲笑如潮水般袭来时，他们总能勇敢地自嘲。

不得不说，面对麻烦和冒犯，面对他人刁钻的问题，幽默的自嘲真的是最好的一种选择。事实上，很多语言大师都是深谙幽默魅力的高超表达者。他们说出的话不一定句句都富有哲理，却可以让自己在关键时刻从窘境中脱离。

侯宝林是中国著名的相声表演大师，殊不知他的口才也是相声界中非常出众的。有一次，侯宝林到美国演出，演出结束之后，侯宝林被美国记者问了一个刁钻的问题。

美国记者问道："您是演员，我们的总统里根既是演员，又是总统。请问，您在中国也可以像里根总统一样吗？"

侯宝林笑着说："我和里根不一样，他是二流演员，却是一流的总统。"

他只用一句简单的幽默的话就轻松地避开了记者的问题陷阱，把自己从窘境中救了出来。可以说，幽默是最高级的情商，而自嘲就是最高级的幽默。

我们身边真正懂得幽默的人不多，能够做到轻松自嘲的人更是少之又少。正因为如此，我们才需要学习，增强自己对语言的驾驭能力，增加自己的幽默细胞。当你深谙幽默的智慧时，不就可以一开口瞬间化解尴尬了吗？

行走职场，
幽默是你的好武器

　　善于表达的人，往往人缘更好，不管走到哪里，都能迅速赢得他人的喜欢。他们若再增添些幽默的话，就更受欢迎了。

　　我们知道，职场是严肃的、紧张的，可这并不意味着我们每天只能板着脸工作。如果别人都严肃、死板，你的一两句幽默的话就具有不一样的功效了。适时的幽默，往往具有非常大的魔力，想不打动人心都难。

　　很多年轻人不知道如何在职场表达自己，通常我会建议他们努力学会幽默，因为懂得幽默的人运气都不会太差。不管你是面对老板、同事，还是面对客户，如果能弄出些笑声来，让气氛变得轻松愉快，你都会比别人更加"吃得开"。

　　别不相信！很多年前，人们便把幽默称作能打动所有人的金钥匙。一个看似不起眼的玩笑，却具有非常大的魔力，能让哭泣的人破涕为笑，也能让心情不好的人瞬间释怀，还可以轻松地拉近你与其他人的距离。

我的一个朋友是很幽默的一个人，大家都愿意和他聊天，因为他的诙谐幽默总能让人感到心情舒畅。谁要是有了烦心事，只要和他聊一会儿，就不会再愁眉苦脸。他在职场上也非常受欢迎，深受领导的器重。

朋友和同事们连续工作了好几天，只为攻克一个大项目，所有人都累坏了，失去了平日里工作的激情和兴奋劲儿。看着同事们疲惫又无精打采的样子，朋友非常认真地对老板说："老板，你真是一个眼光很好的人。"

老板不理解这句话的含意，便问道："为什么这么说？"

朋友笑着说："要是您没有好的眼光，怎么会招来了像我们这样优秀的员工，拿下这么大的项目？"

听他这样说，老板也笑了，说："是啊！看来我的眼光真是太好了！既然如此，我今天就请客犒劳犒劳大家吧！"听到这句话，同事们都兴奋地欢呼起来，气氛也变得活跃了。第二天，同事们重新热情满满地投入工作之中，而朋友呢？时不时给同事们讲个小笑话……

结果，气氛轻松了，所有人的头脑更清醒了，工作效率也提高了。这个难啃又枯燥的项目，竟然被朋友和他的同事们提前完成了。

事后，老板拍着朋友的肩膀说："你用幽默减轻了所有人的工作压力！这个项目能够完成得如此漂亮，你比别人的功劳更大一些啊！"

不时来点小幽默，结果真的会出乎你的意料。幽默，是一个人魅力的组成部分。而就是这个部分，可以让你成为最受欢迎的人、成为职场上的红人。

说到这里，又想起这个朋友一个有趣的故事。在一次与客户的谈判中，对方情绪激昂，丝毫不肯做出一点点让步，而朋友所在的公司也是据理力争，力求用实惠的价格拿下这个订单。一时间，谈判进入了僵持阶段，紧张气氛笼罩着会场，几乎让所有人都喘不过气来。

过了好久，对方公司一个女性代表站起来，带着挑战性的语气问道："如果你们真的有合作的诚意，就应该给出一个令双方都满意的价格，而不是固执地坚持自己的意见，不肯做出一点儿让步。"

朋友所在的公司代表则说："我们的诚意非常大，相信通过这一段时间的接触，贵公司不会有所怀疑。不过，很抱歉，我们真的不能再让步了！"

那位女性代表头疼地说："我想我快要晕倒了。"

此时，朋友用不高不低的声音说道："这里紧张的气氛也快让我窒息了，我怕我会比您先晕倒。如此一来，老板肯定会炒掉我！"

他的声音刚落，大多数人就笑了起来，包括刚才站起来发言的那位女性代表。顿时，紧张的气氛轻松了下来。

虽然谈判还要继续，双方也没有轻易地让步，可朋友用幽默的语言化解了双方的争论，并且把所有人从紧张的气氛中解救了出来，让大家可以在轻松的环境中探讨解决问题的方案。而最终双方也达成了共识，签订了合作协议。

我们必须承认，幽默的语言，真的是职场上活跃气氛、拉近人与人之间关系的万能钥匙。所以，行走在职场路上，不管你面对的是老板、下属，还是客户，都不能忘了幽默地表达自己。

制造一些笑料，远离僵局

　　生活中，尴尬是我们每个人都不想面对的局面。可是，很多事情不是你不想让它发生就不会发生的，我们总是难免和尴尬不期而遇。也许这份尴尬并不是由你造成的，但如果处理不好的话，就很可能会影响现场的气氛，损害自己或别人的面子，甚至引发不必要的冲突。

　　那是不是就没有办法化解尴尬了呢？

　　其实，你若能随机应变，制造出一些笑料，便可以轻松地化解尴尬。幽默是一朵永不凋谢的智慧之花，是我们生活中最佳的调味料。哪怕只是一个笑话，也可以让大家紧张的情绪放松下来，然后解决掉原本显得很棘手的问题。

　　有人曾经这样说过："幽默是一切智慧的光芒，照耀在古今哲人的生命中。凡有幽默素养者，都是聪慧的。他们会用幽默解决一切困难问题，把每一件事都安排得恰到好处。"

很久之前我看过一个综艺节目，其中有一个环节是主持人邀请一位杂技演员表演踩鸡蛋。鸡蛋如此脆弱，又如此小，怎么能承受住一个人的重量呢？所以，现场的观众都抱有怀疑的态度，可看着杂技演员信心满满的样子，大家又充满了期待。

表演开始了，工作人员把鸡蛋摆放在舞台中央，杂技演员小心翼翼地抬脚、落脚。或许因为比较紧张，或许因为还没有准备好，踩碎了第一个鸡蛋，杂技演员表演失败。此时，台下的观众议论纷纷，更加怀疑杂技演员表演成功的可能性了。

杂技演员感到非常尴尬，脸色变得更加凝重了，可他不得不继续表演。工作人员又换了一个鸡蛋。主持人立即打圆场，说："大家以为这是表演失误吗？其实不是，我们只是为了让大家看一看，这些鸡蛋都是真的，并不是塑料的。所以，这位杂技演员才故意踩碎了第一个鸡蛋，以解决大家的疑问……"

可主持人的话刚说完，这位杂技演员又踩碎了一个鸡蛋。这时杂技演员显然已经慌了，额头都冒出了冷汗。而台下的观众则一边议论，一边看主持人如何再为杂技演员打圆场。只见主持人无可奈何地叹了口气，说："唉，现在市场上的劣质产品实在是太多了，看来政府真得加大打击力度了。你们看，连母鸡都生产劣质产品了！"

听了主持人的话，台下的观众都哈哈大笑起来。而杂技演员也不再那么紧张，顺利地完成了挑战，赢得了观众们热烈的掌声。

　　杂技演员当着所有观众的面表演失败，还有比这更令人尴尬和难堪的吗？相信，此时这位杂技演员的压力肯定特别大，幸好这位主持人反应快，适时地制造出笑点，不仅缓和了现场的紧张、尴尬气氛，还使得杂技演员信心大增，顺利地完成了表演。

　　试想，若没有这位主持人的幽默，恐怕这位杂技演员就很难下台了，甚至还可能会因此影响将来的表演生涯。

　　可见，幽默真的是一种不可多得的智慧。我们不得不承认，真正幽默的人不仅能说出诙谐有趣的语言，逗得所有人哈哈一笑，还可以运用幽默的语言转移话题、制造轻松气氛，从容不迫地处理各种尴尬的"事故"。

　　我就遇到过这么一个幽默有趣的人，他能在不知不觉中化解与他人的冲突。那一天，我陪孩子去看电影。我们都知道，电影放映期间，整个演播厅都是黑漆漆的，几乎伸手不见五指。任何人中途想要上厕所，都不得不摸黑出去。

　　前排一位年轻男士摸黑上厕所，不小心踩了最外侧座位上女士的脚，女士不高兴地抱怨："哎呀，踩死我了！你怎么这么不小心！"年轻男士连忙说对不起，然后就离开了。

　　不一会儿，年轻男士回来了，走到被踩的女士身边，小声地说："刚才我走出去的时候是不是踩过您的脚？"

　　那位女士本来就不高兴，便不耐烦地说："这还用问吗？"

谁知年轻男士说道："噢！没错了！就是这排了！我有严重的近视，要不是踩了您的脚，我都找不到自己坐在哪里了！请允许我再次说声对不起，让我为您擦擦鞋吧……"

女士听了这话，"扑哧"一声笑了出来，然后改变了语气，轻声说："没关系。这演播厅本来就黑，你还高度近视，也不是故意的。我自己擦一下鞋就可以了。"看吧！一场不愉快瞬间就被年轻男士幽默的语言化解了。

有时候，我们难免会因为一时过失或言语不当而引起别人的不快。这个时候，道歉是必须要做的，可若能够让自己的嘴巴变得甜一些、幽默一些，那么说出的话就会变得动听很多，也就很容易让对方忘记内心的不愉快、原谅你的过失和冒犯。

电影院的这位年轻男士就是一个情商高、懂幽默的人，他知道自己踩了女士的脚，女士肯定心里非常窝火。即使因为演播厅太黑，即使是自己不小心，但只有简单的道歉恐怕也无法平息对方的怒火。所以，他聪明地选择了幽默的道歉方式，不仅让女士知道自己的苦衷和道歉的诚意，还让女士被自己的幽默所感染。如此一来，当女士被逗笑的那一刻，怒气自然就消除了，而彼此之间的冲突也就轻松化解了。

幽默是化解尴尬、冲突的最佳方式，是生活波涛中的救生圈。学会运用幽默，巧妙地制造一些笑料吧！如此一来，不仅能让你轻松远离尴尬和僵局，还可以让人生增加成功的机会。

但一定要记住，幽默不是简单地说一些俏皮话，而是一种语言的智慧、一种优雅的风度。只有讲究场合、注意对象，我们才能做到既化解了尴尬，又不失风度。

幽默多一点，
爱情跑不了

　　我的一位女性朋友。她漂亮、能干，是典型的都市女白领，年纪轻轻就成为某企业的行政总监。身边的朋友都以为她会找一个门当户对的男士恋爱、结婚，可令所有人大跌眼镜的是，她的男友其貌不扬，是一家公司的普通销售人员。

　　有人不解地问："你到底爱上了他的什么？宁愿放弃那么多优秀的追求者？"

　　她笑着回答了两个字——幽默。

　　幽默真的是世界上最美的语言，不仅让人魅力十足，还是爱情催化剂。

　　爱情是美好的、浪漫的，尤其是年轻男女，追求的爱情就是一种美好的感觉、一种愉悦的心情、一种与众不同的情趣。遇到心仪的女生或男生，如果你直接地向她或他告白，说我喜欢你，就难以让对方产生特别心动的感觉。可你若幽默地告白，效果就大不一样了。

被问到男友是如何追到自己的，这位女性朋友说出了实情。

开始，男友直接和她告白了，说自己喜欢她。可她并没有什么感觉，便没有做什么回应。本以为男友放弃了，可晚上他又用微信发了语音消息，这位女性朋友还是没回。

过了不到一分钟，女性朋友又收到了微信消息：

男友：我刚才给你发了微信，见你没回，就知道你答应做我的女朋友了。所以，我现在直接来找你，亲爱的。

女性朋友：你是这么想的吗？

男友：有什么不对吗？你若不喜欢我，早就拒绝我了。脸一冷，手一指，然后说："请你离开，我不喜欢你！你不要癫蛤蟆想吃天鹅肉了！"

女性朋友一听这话笑了，问道：我平时是这样的吗？你把我当什么人了？

男友：我把你当成最爱的人。相信我，我会让你成为世界上第二幸福的人。

女性朋友：为什么不是第一呢？

男友：这个"第一"你是抢不走的，因为有了你，我就是最幸福的人！

……

就这样，这位女性朋友接受了男友的追求。而事实证明，和幽默的人谈恋爱确实是件幸福的事情。自从谈了恋爱之后，这位女性朋友每天都是笑呵呵的，即使偶尔因为工作上的事情而情绪低落，只要一看到男友，就会开心地笑起来。

让对方听到自己的爱，实际上就是向对方表白的过程。在这个过程中，幽默的语言最容易激发爱。为什么有不少长得挺帅的男孩子，行为举止都很得体，工作能力也不错，却情场失意？关键就是因为他们或者寡言少语，或者严肃刻板，不够幽默。

一个人说话死板、严肃，过于认真，对方听着都感觉索然无味，能对他产生爱意才怪！这就是现在这么流行"土味情话"的原因，它突显了人们的幽默。不妨听一听：

男：呼~呼~你知道我在干什么吗？

女：吹气？

男：不，我在乎你。

我第一次见到你的时候就发烧了，因为一见钟情的体温是38.6度。

山有木兮我有意，夜夜星辰恰似你。

……

毫无疑问，学会了幽默，你有可能就可以凭借几句话俘获心仪对象的心。日本幽默大师秋田实认为，幽默是爱情的催化剂，男女约会时，双方若能以幽默的口吻交谈，可使感情火速升温。

当然，幽默也是爱情的调味剂和保鲜剂。爱情不只有美好，也有生活的琐碎和烦恼，再加上各种各样的压力，爱情很快就会趋于平淡，生活很快就会变得枯燥。可有了幽默就不一样了，它能给生活增添更多的情趣，让恋爱永远保持着一种甜蜜和活力。尤其是恋人间的幽默调侃，可以让彼此之间的感情更加浓厚。

台湾女作家玄小佛在她的短篇小说《落梦》中，就描写了恋人戴成豪和谷湄的一段幽默调侃：

"我真不懂，你怎么不能变得温柔点。"

"我也真不懂，你怎么不能变得温和点。"

"好了……你缺乏柔，我缺乏和，综合地说，我们的空气一直缺少了柔和这玩意儿。"

"需要制造吗？"

"你看呢？"

"随便。"

"以后你能温柔点就多温柔点。"

"你能温和些也请温和些。"

"认识四年，我们吵了四年。"

"罪魁是戴成豪。"

"谷湄也有份儿。"

"起码你比较该死、比较混蛋。"

看似在吵架、斗嘴，却体现了这对恋人的幽默和爱意。通过你一言我一语的调侃，彼此的爱意、包容跃然纸上。最为重要的是，幽默地调侃出对方的缺点，要比直接批评、甚至是争吵后的指责更能化解彼此的矛盾。所以说，生活中需要幽默，爱情中更需要幽默。

有了幽默，爱情就不会像苍白的纸张，而是像涂满了五颜六色颜料的画，多了精彩和绚丽；有了幽默，爱情就不会像无味的白开水，而是像滋味丰富的饮品，多了滋味和美好。

如果学会了幽默地表达自己的爱意，和爱人幽默地沟通，你的爱情还会远吗？

第 9 课

攻守道

人生无处不谈判，
如何在较量中稳操胜券

谈判无处不在，有时唇枪舌剑、剑拔弩张，有时和风细雨、相谈甚欢，是双方智慧、口才、心理的较量。我们只有提升表达能力，掌握谈判技巧，才能彰显气势、赢得胜利。

谈判中怎么问，
才算恰如其分

在谈判时，你想要通过讲道理、辩论使一个人彻底改变自己的想法、观点，是很难的一件事情。很多时候，即使你在辩论时赢了他，也不意味着改变了他内心的想法，让他赞同你的观点、支持你的决定。

不过，这也不是说我们对别人就无可奈何。想让一个人因支持你而改变想法，就需要想办法引导他的思维，循序渐进地把你的想法一点点挤进他的意识中，而提问无疑就是最好的方式。

我们都知道，在谈判时，说是一种能力，可以表达自己的观点，让对方信服。但是谈判时除了善于说，我们还要知道如何问。如果问得好，那么我们不仅可以了解对方的想法和意图，获得更多对我们自己有价值的信息，还可以掌握谈判的节奏，让对方按照自己的节奏来走。

说到这里，我想起美国的一个小故事。

有一位基督徒在祈祷时犯了烟瘾，他问牧师："在祈祷的时候我可以抽烟吗？"

牧师毫不客气地斥责说："当然不行！"

这位基督徒又问："我们在祈祷时，牧师可以发脾气吗？"

牧师愣了一下，不知该怎样回答。因为在祈祷时发脾气是错误的，这位基督徒毕竟没有抽到烟，而牧师已经发了脾气，所以牧师只能低头不语。

此时，这位基督徒又问了一句："那么，牧师，我在抽烟时可以祈祷吗？"

确实，《圣经》没有规定基督徒抽烟时不能祈祷，牧师只好无奈地点点头，说："可以。"

然后，这位基督徒拿出烟痛快地抽了起来。

这只是一个小故事，情节都是虚构的、杜撰的，但是其中蕴含的说话之道却值得我们思考——这位基督徒的提问方式真是棒极了。

当他的想法被牧师否定的时候，他立即问出了最具杀伤力的第二个问题，让牧师哑口无言。随后，他又问出了第三个问题——这一个问题看似与第一个问题意思相同，但是提问的方式变了，意思也就变得不同了。这让他在之后的谈话中掌握了主动权，迫使牧师做出了妥协。

同样的问题，用不同的方式问出来，效果却截然不同。这就告诉我们，在谈判时，应该讲究提问的方式和技巧，争取问出具有杀伤力的问题。当然，要做到这一点，我们必须做好充分的准备，提出有技巧性的、合理的问题，以及让对方感兴趣的问题。

可以说，一旦掌握了提问的技巧，我们就掌握了谈判的节奏。

一个商人在美国参加一个大型产品展览会时看中了一件非常新奇的电子产品。他认为，如果自己获得了这件电子产品的中国市场代理权，那么肯定可以迅速打开国内市场，赢得丰厚的收益。

他立即找到了这件产品的制造商，想要达成合作协议。该产品的制造商代表是一个美国人，看到来谈判的是一个不起眼的中国人，便轻蔑地说："我的产品价格昂贵，需要很高的代理费用，你根本买不起这样的产品！"

商人知道对方看不起自己，可是他并没有心生不满，而是轻松地说："是吗？没关系，只要价格合理、产品质量优良，我就不在乎价钱。而且，我相信您是有商业道德的人，不会胡乱报价和提价，对不对？"

这个美国人有些吃惊，但不得不点头说："当然，你说得没错！"

于是，商人继续问道："那么，每件产品的价格是多少呢？"

美国人回答道："最低100美元！"

商人故作吃惊的样子，高声说道："价格真的不便宜！或许因为制造它的成本太高了吧！不过，我听说这项技术已经广泛应用于大众产品了，成本降低了很多，是不是这么回事？"

美国人没想到商人知晓详情，便窘迫地说："是的，成本降低了。如果你想要购买，那么我可以给你适当的优惠！"

商人立即高兴地说："真的吗？那真是太好了！那您觉得70美元可以吗？"

美国人没有回答，而是思考了起来。商人知道美国人是在合计按这样的报价合作是否划算。过了一会儿，商人又问："这样的报价，对你我来说都是非常划算的，我想您再也找不到我这么合适的买家了，对吗？"

听了商人的话，美国人不禁笑了起来，说道："您真是太精明了！每个问题都让我无法回避。没错，这个报价还可以。"

就这样，商人以每件产品70美元的价格拿到了这款产品的中国市场代理权。

这个商人是这场谈判的主导者，他通过巧妙地提问控制了谈判的节奏。而他的提问也是具有很大威力的，几乎每一句问话都让对方无法回避。所以，通过短短几句话，他就顺利地拿下了这款产品的中国市场代理权。

事实上，在谈判中，只要我们的提问恰如其分，就容易相对轻松地掌握主动权，并且让对方认同我们的观点，从而达到我们的谈判目的。

　　既然如此，我们需要注意哪些问题呢？

1. 提问时，需考虑对方的身份、现场的气氛等客观因素

　　谈判现场，气氛有轻松、有严肃，也有紧张。在气氛紧张的时候，如果你还咄咄逼人地问"贵方到底要不要降价"，岂不是会让事情变得越来越糟糕？

　　如果对方已经选择回避回答了，你还穷追猛打，尤其是对于对方不想深谈的问题，就会让自己陷于不利地位。

2. 学会有针对性地提问，把对方的思路引向我们希望的方向

　　前面我们已经说过，我们仅凭语言很难说服某个人，而若能提一些引导性的问题，把对方的思路往我们希望的方向引导，便可以逐步地达到自己说服的目的。比如，你是否认为我们的产品需要改进？你对我们的产品有什么意见？这些问题可以引导对方思考，让对方说出真正的想法，以便于我们说服对方。

3. 不提隐私性的问题和令人发难的问题

　　谈判时，提问的目的是为了促使谈判成功，彼此达成协议，

而不是挖掘别人的隐私或利用问题把别人难住。

　　所以，提问时，我们千万不要刻意去问对方的隐私，比如个人隐私、公司内幕、行业隐私等，更不要问对方不擅长或者不清楚的事情，否则会让对方觉得你在谈判上不专业，造成场面的尴尬。

谈判中怎么答，
才让自己无懈可击

　　与问相对的，就是答。一问一答，恰好构成了我们与他人交流的重要方式。而谈判的答，不仅在于你回应了对方，关键在于你应该说什么，以及如何说才能产生更好的效果。

　　同一个问题，如果回答的方式不同、给出的答案不同，就会产生完全不同的效果。如果你回答得轻松愉快、彬彬有礼，就可以使谈判气氛和谐、轻松；而如果你回答得严肃拘谨、傲慢无礼，就会导致谈判气氛很紧张。

　　更重要的是，谈判中的很多问题都带有陷阱或者攻击性，若稍不留神，就会给对方留下话柄，让自己处于谈判的劣势地位。可是你若能灵活地应对，给出恰当的答案，便可以轻松地化解对方的"进攻"，把主动权掌握在自己手中。

　　我们都听过阿凡提的故事，也知道有一个时常刁难阿凡提的巴依老爷。巴依老爷总是问阿凡提一些刁钻、有陷阱的问题。可阿凡提总是能够利用自己的聪明才智化解难题，让巴依老爷吃哑巴亏，有苦也说不出来。

有一次，巴依老爷又找到阿凡提，说："人人都说你最聪明，不知是真是假。如果你能数清天上有多少颗星星，我就认为你最聪明。"

天上的星星根本数不清，谁也不知道到底有多少颗。阿凡提知道巴依老爷在故意捉弄自己，可是他不慌不忙地笑着说："亲爱的巴依老爷，我当然知道天上的星星有多少颗。可是我现在不能告诉你，除非你能先告诉我我骑的毛驴有多少根毛。"

阿凡提这个回答非常妙，他没有拒绝回答这个问题，而是直接把问题还给了对方，反将了对方一军。

事实上，很多擅长谈判的人都善于利用类似的回答，面对不好回答或不便回答的问题时，他们总能巧妙地回答，或者反问，或者幽默，或者顾左右而言他……

我国著名外交家乔冠华先生就是一位出色的谈判专家，从他的身上我们可以学到很多应答的技巧。

1971年10月25日，中华人民共和国正式恢复联合国合法席位。乔冠华作为代表团团长，亲自赴美参加联合国大会。当乔冠华走下飞机时，现场已经围满了一大批外国记者。他们拿着话筒、举着摄像机对着乔冠华，并且连珠炮似的提了一连串问题。

乔冠华没有回避，而是以一种主动的姿态面对这些外国记者。他开玩笑地说："各位是从天上飘下来的吧？我们中国有句老话叫'飘飘欲仙'，在天上飘来飘去可真是自由自在啊！"

乔冠华的话一说完，外国记者们就笑了起来。之后，一个外国记者问道："乔先生，您作为中国出席第26届联合国大会代表团的团长，对联合国大会通过恢复中国席位的决议有什么想法？在国内，是不是民众也感到很突然？"

乔冠华说："怎么会？我就一点儿没有感到突然。中国有一个成语，叫水到渠成。联合国作为国际机构总不能把中国这么一个泱泱大国排除在外吧？有的国家的外交不是采取现实主义的政策，而是像鸵鸟一样，把头往沙堆里一钻，以为就自得其乐了！其实呢？它在沙堆里钻得越深，就使得它越不聪明，因为它的臀部还露在外面嘛！"

这个外国记者仿佛抓住了什么把柄，急忙问道："您指的是谁？"

乔冠华笑了笑，说："各位都是聪明人，还要我明言吗？"

这时，另一个外国记者问道："这次联合国大会决议会给中美关系带来怎样的影响？"

乔冠华说："中国采取现实主义政策，希望对方也采取现实主义政策，那么事情就好办多了。敌视中国乃至忽视中国的存在是没有用的。难道这样一来，中国就从地图上消失了吗？"乔冠华的话使得一些外国记者点头称赞。

就这样，乔冠华尚未登上联合国大会的讲台，就以不卑不亢、谈笑风生、幽默诙谐、坦率诚恳的态度让外国记者们刮目相看。恰恰因为如此，才打退了外国记者们的"敌意"，展现了个人魅力和大国风范。

这场应对虽然不是在谈判，可乔冠华先生的巧妙回答却值得我们学习。从某种意义上说，不会回答等于不会谈判。那么我们怎么答，才能让自己在谈判中立于不败之地呢？如何答，才能让我们的回答无懈可击呢？

与提问一样，回答也有一定的技巧，大家可以参考以下小技巧：

1. 留有余地，不把话说满

把话说满是表达过程中最忌讳的事情，谈判更是如此。谈判不比闲谈，闲谈时，如果说错了话，那么我们还有回旋的余地。谈判时，一旦你答应了对方的要求，就没有了任何回旋的余地，否则就会让自己落得个出尔反尔的"罪名"，更使得自己处于劣势地位。

比如，对方问你意见的时候，不应该直接说"我完全不同意"或"我很同意"，而是应该说"我觉得还不错，不过我们需要考虑一下……"

比如，对方坚持不降价，你不应该意气用事："如果你不降价，我就不谈了。""你必须降价，否则我就只能放弃了。"

把话说得太满，就是不给自己留余地，一旦你后悔了，就连回旋的余地都没有了。

2. 不随便回答自己不懂的问题

在谈判的过程中，我们有义务回答对方的疑问，可是谈判者不是万能的，不可能正确无误地回答每一个问题，尤其是涉及专业领域的问题。

这个时候，我们若直接回答不知道，就很可能会给对方留下不好的印象；若回答错了，则会直接导致谈判失败。所以，你应该避免不懂装懂，灵活地回答问题。

一个朋友是某电器公司的销售，一次他遇到了一个非常较真的客户。这个客户是个参数控，不管购买什么产品都会查阅大量相关的参数，认为这样便可以清楚地了解产品性能。可事实上，他对这些参数的真正意义并不是太懂。

可谈判的时候，他却问出了一个又一个刁钻的问题："你这台冰箱的各项参数是多少？""噪声指数是多少？""这个噪声指数是否影响睡眠？"

朋友一听这些问题头就大了，他知道自己的产品噪声指数低于50分贝，达到了国家要求的标准，但真的不知道这台冰箱的噪声指数是多少。既不能随便说一个数字，又不能说不知道，该怎么办呢？

想了一会儿，朋友转移了话题，开始询问这个客户的任务面积是多少平方米、卧室在什么地方、打算把冰箱放在哪里。等到客户回答完这些问题之后，他保证这台冰箱绝对不会影响客户的睡眠，并且模拟了客户家里冰箱与卧室的距离。就这样，朋友成功地说服了这个客户，让他高兴地买下了冰箱。

3. 对方越催问，你越要沉着冷静

当对方对你的回答有疑问，或者想要占据谈判主导地位时，就会采取连续催问的方式，企图打破你的心理防线。这个时候，对方越催促，你就越应该沉着冷静，不要急于给出答案，更不要乱了阵脚。因为越着急给出答案，你的回答就越可能出现漏洞，而这恰好是对方想要的结果。

所以，在回答问题前，你必须先对问题进行认真的思考，然后再给出答案。有时候，为了避免对方催问，你还可以采取回避的方式，或沉默，或装聋作哑。当对方知道催问对你不起作用时，就会偃旗息鼓，那么你就胜利了。

当谈判陷入僵局，
如何巧妙破局

　　谈判的目的是为了寻求合作，可谈判过程中双方却总是容易出现一个又一个分歧。既然有分歧，双方就少不了针锋相对；既然有了针锋相对，双方就无法避免陷入拉锯战，甚至陷入僵局。

　　就像拔河比赛一样，谁都想把绳子向自己的方向拉近一步，为自己的胜利争取更多机会。谈判的任何一方都想让谈判的天平向自己的方向倾斜，为自己争取更多的利益。如此一来，谈判就会无法避免地陷入僵局。

　　既然僵局无法避免，那么我们就必须想办法打破！如果不打破僵局，那么沟通如何进行下去？如果不打破僵局，那么合作怎么达成？事实上，谈判高手之所以都是善于打破僵局的能手，并不是因为他们只知道妥协、退让或者委曲求全，而是因为他们能够巧妙地利用语言的智慧，使谈判气氛变得轻松起来，也让对方冷静下来，从而打破僵局。

某公司高管与国外一家公司谈判，主要内容是购买对方的技术。在谈判中，那家国外的公司开出了非常高的价格，这位高管与他们讨价还价，几乎磨破了嘴皮，但他们还是坚决不让步。一时间，双方各持己见，使谈判陷入了僵局。

这时，公司高管也知道，僵局必须打破，因为自己的公司急需这个技术，若被别人捷足先登，或者耽误了技术投入应用的时间，必定会给公司造成巨大的损失。到那时，即使谈判成功了，恐怕也没有什么意义了。

突然他灵机一动，幽默地说："好吧！我同意你们提出的价格。如果我们公司管理层不同意这个价格，那么我愿意用自己的工资来支付差额。但是，我需要分期付款，因为我的工资可没有那么高。你们觉得如何呢？"

听了这话，对方忍不住大笑起来，谈判气氛也有所好转。在轻松愉快的气氛下，双方继续协商，最后那家国外的公司终于同意降低一些价格。而这个价格也是双方都能够接受的，于是双方达成了协议。

从这个事例我们可以知道，僵局并不是不能打破的。只要你找到了合适的方式，那么破局就是轻而易举的事情。

你以为对方想让谈判陷入僵局吗？当然不是。他们如果不想达成合作，为什么还浪费时间和你谈判呢？我们应该看到，僵局对于谈判中的任何一方都是不利的，尽管对方总是进攻、逼迫——这些不过是他们的谈判手段而已。

既然如此，如何才能巧妙地打破僵局呢？

1. 利用幽默活跃谈判气氛

幽默，是人与人交流最好的润滑剂。

你是不是有过这样的经历，你和女朋友吵架，双方各持己见、互不相让，甚至还怒目相视。可是你若突然说出幽默的话，比如，"你的眼睛还真大。平时我还没注意，可现在你这一瞪，我算是发现了"。就这两句话，可以让气氛变得完全不一样。女朋友定会"扑哧"笑出声来，而你们的"对峙"也就宣告结束了。

谈判时，幽默同样也有这样奇妙的作用。就拿前面提到的例子来说吧，那个企业的高管就是利用幽默的语言说用自己的工资来支付差价，还说要分期付款。这句话让谈判气氛瞬间从紧张、严肃、剑拔弩张变得轻松幽默。只要气氛融洽了，沟通就容易了，谈判也就容易成功。

当然，除了用语言调节，我们还可以转换客观环境。当双方就某一问题发生争执的时候，可以暂时停止谈判，休息一下，或者到相对轻松的环境中，待情绪缓和、紧张的气氛消失之后再重新回到正题。

2. 转移话题，避重就轻

转移话题不失为一个好办法。既然问题暂时无法解决，就可以把这个问题先放一放，等到其他问题都解决之后再来商讨它，或许那时就会柳暗花明了。

比如，双方在价格条款上互不相让，僵持不下，就完全可以把这一问题暂时抛在一边，转而洽谈交货日期、付款方式、运输、保险等条款。如果这些问题都处理好了，就可以坚定双方解决问题的决心。如果一方特别满意，就很可能对价格条款做出适当让步。

当然，转移话题并不是回避问题，千万不要觉得把话题转移了就万事大吉了。如果想让谈判成功，你就必须积极寻找解决问题的办法。

3. 巧用红白脸战术，找到最合适的打圆场人选

红白脸战术，顾名思义，就是一个人唱红脸，一个人唱白脸。当涉及关键性问题的时候，"白脸"就需要出现，坚持自己的原则，给对方施加压力，保证自己利益的最大化；当僵局出现的时候，"红脸"就需要出现，负责活跃气氛、缓和关系，避免让情况变得更加糟糕。

　　对于谈判来说，这个红脸的角色是必不可少的。否则，双方怎么下台阶呢？怎么实现进退自如呢？

　　出现僵局不等于谈判破裂，但是要打破谈判的僵局，也不是一件简单的事情。你需要耐心和勇气，更需要智慧和谋略，只有懂得了攻守之道，掌握了谈判的技巧，才可以打破各种僵局。

在谈判中彰显气势，
才能时刻把握局势

　　路上看到两个七八岁的小男孩在争论着，一方滔滔不绝地说着，不时还用手指着对方，气势十足；而另一方呢，虽然想反驳，却始终插不上话，憋得脸红脖子粗。

　　原本以为两个小男孩正在吵架，可不一会儿，一个大人走过来和他们说着什么，之前气势十足的小男孩依旧滔滔不绝地说着，而另一个小男孩还是低着头不说话。我感到非常好奇，便靠近他们听了一会儿，才弄明白事情的真相。

　　原来两个小男孩是表兄弟，这个大人是不说话的小男孩的爸爸。两个小男孩想趁着周末放松放松，可意见却不统一，一个想去科技馆，另一个想去动物园。大人见此情况，便让他们自己讨论、协商，讨论出结果之后再由大人带他们去。

　　虽然不说话的小男孩非常失落，一直闷闷不乐，但是既然输了，就要听从对方的意见。可他还是表现得有些失落，一副不开心的样子。大人说道："输了就是输了！一看你们争论的那个样子，我就知道你肯定赢不了！"

小男孩不解地问为什么，大人给出了一句话："因为你根本没气势和气场啊！"

真的是这个道理。辩论也好，谈判也罢，都是一种表达的艺术。成功与否，关键就看气势和气场。不要以为这是开玩笑，想想看，倘若对方气势十足、气场很强，你却唯唯诺诺、没有一点气势和气场，还能与对方一较高低吗？

你首先在气势和气场上就输了，那你之后所说的话就别想有多大的冲击力和影响力。别说影响对方，恐怕就连你自己都会越说越没自信。

千万不要小瞧气势和气场，强大的气势和气场可以让你的话语更有力量，让对方感受到你的强大和自信，不由自主地产生一种压迫感。

但千万不要认为只要提高自己的声调，就能产生压倒对方的气势，产生强大的气场。有理都不在声高，更何况是气势和气场呢？

气场的产生，来自你内心对某种东西的渴望，来自你强大的自信、勇气、内心的那股霸气。当你足够地自信时，当你内心坚定了这个渴望时，就会变得异常强大。

即使你一句话都不说，可内心足够坚定、冷静，尤其在神态上更是表现出一种胜券在握的感觉，也可以产生一种强大的气势和气场，使对方感到紧张、被压迫，甚至产生妥协的想法。

在谈判中，只要你彰显了气势，就掌握了主动权。只要你气场全开，谈判就赢了一半。或许我们可以这样说，谈判双方中谁的气场更强大，谁就是胜利者。

这气场不在于声高还是声低，也不在于人多还是人少。如果你不理解这一点，那么我们可以先来看一个小故事。

多年以前，美国的一个边远小镇，由于人口有限，法官和法院的工作人员很少，所以当地法官组织了一个由十名居民组成的陪审团，并且规定，法院的所有判决，只有十名陪审团成员全部投支持票时，才能正式通过并具有法律效力。

有一次，法官在审理一起案件时，其中九名陪审团成员意见一致，认定被告有罪，另一名陪审团成员则坚持认为被告无罪。由于陪审团成员意见不一，导致审判陷入了僵局。于是，九名陪审员企图说服这唯一的"异类"，但是这名陪审员却坚持不改变自己的决定。结果，案件从早上审判到下午，始终无法结案。

就在九名陪审员一筹莫展时，小镇上突然间阴云密布，一场大雨即将来临。此时正值秋收，镇上的居民大多数都是农民，各家各户的粮食都晒在院子里。眼看自己家的粮食将被大雨淋湿，九名陪审员心急如焚，希望赶快结束这次审判。

无奈之下，其中一名陪审员说："老兄，你就别再坚持了，眼看就要下雨了，我们大家的粮食可都在外面晒着，如果不尽快赶回家，大家的粮食就都要遭殃了。"

可那名陪审员依然丝毫不为之所动，他非常坚定地说："不行，我们是陪审团的成员，必须坚持公正，这是国家赋予我们的责任。在我们没有达成一致意见之前，谁也不能擅自做出判决！"

结果，令人匪夷所思的一幕出现了：这九名陪审员竟然全部改变自己的态度，转而支持那一名陪审员。最后法院宣布被告无罪。

按理说，九个人的力量和气场要比一个人大啊，可结果为什么会如此呢？

或许你会说，他们只是为了尽快结束这场令人难受的审判，好赶回家抢救自己的粮食。这确实是其中一个原因，可最重要的原因是，那最后一名陪审员意志坚定、气场强大。即使没有这场突来的暴雨，他也绝不会退让一步。

在这种情况下，那九名陪审员在其强大气场的压迫下，终于再也撑不住了，不得不做出妥协，改变自己的态度。

菲尔图曾经在《控场》中说："当你准备好一切，准备走向谈判桌时，你是否忽略了一样东西呢？这样东西对你来说十分重要，它就是你的气场。"

你不能展现出平时在同事、朋友面前的气场，因为那样的气场无法震慑住你的谈判对手……你在谈判对手面前要展现出一种强硬的气场，让他心存一种压迫感，这种压迫感会让他逐步降低自己的要求。而且很重要的一点是，当你变得气场强硬时，便能很好地守护自己的利益。

菲尔图还建议我们，必要时，一定要展现自己有力的气场，不要展现出软弱的气场，否则只能让自己陷入被动中。

谈判，不是你进我退，就是你退我进，不是你压倒我，就是我压倒你。既然如此，为什么不展现出自己的强大气势和气场呢？

可以让步，
但得守住自己的底线

　　谈判，少不了你来我往、讨价还价。既然如此，让步就是不可避免的了。任何一方都不可能只进攻却不让步，否则双方就不能达成共识，无法取得谈判的最后成功。

　　所谓谈判，其实就是指你得到了自己想要的，同时让对方也得到他想要的。你若只想得到你想要的，却不顾及对方，那是抢夺而不是合作，是命令而不是谈判。所以，让步是谈判中必需的一部分。没有让步，合作就不可能存在。谈判就像跳舞一样，你进一步、我退一步，你退一步、我进一步，这样才能演绎出美妙的舞蹈。

　　可我们也要知道，让步，只是一种策略，前提是保证自己的利益，实现双方共赢。可在谈判的过程中，若因为迫于对方的压力或者急于促成合作，所以就无原则地让步，那可能会导致满盘皆输。

或许你会说，哪有人那么傻，会一再地让步，难道他就没有底线吗？难道他不知道维护自己的利益吗？可事实上，谈判是非常复杂的，是激烈的攻守之战。谈判者若没有强大的心理素质、快速的反应能力，以及出色的表达能力，就可能被对方牵着鼻子走。

就连有"经营之神"之称的松下幸之助，在创业初期，都因为谈判中的让步失误而遭受过不小的损失。

当时，松下幸之助的事业刚刚起步，自己到全国各地推销产品。为了让经销商愿意卖自己的商品，他给出的定价并不高，甚至比市场上的产品还要优惠一些。可买家永远都想把价格压得低一些、再低一些，以让自己获得更高的利润。

一次，松下幸之助拜访一位名古屋的经销商，向他推销自己的产品。对方说："你的产品报价是每件4700日元，我觉得这个价格高了些。"

松下幸之助想拿下这个订单，同时也知道若想拿下这个订单，就必须做出让步。为了显示自己的诚意，他把自己的底牌亮了出来，说："你要知道，现在产品成本并不低，我每件产品的成本价是4100日元，卖给您4700日元，我的利润空间并不大。"他以为自己够真诚了，对方肯定能痛快地接受这个价格。

可没想到，经销商摇着头说："你是第一次到名古屋，我们也是第一次见面，彼此都不了解情况。如果你希望我们能合作，就需要再做一些让步，把价格再降低一些。虽然您说成本价是4100日元，可只有你知道这是不是真的。我最多能给4000日元。"

4000日元？这也太离谱了。松下幸之助真后悔自己这么早就亮了底牌，可还是赔着笑脸说："4000日元太低了，我连成本都没收回来。我只能再让一步，4200日元，这是最低价格了。"

可经销商还是没有松口，依旧频频摇头。最后，在松下幸之助的再三争取下，这位经销商才勉强同意与他签下协议，而成交价格竟然是4130日元。

可刚达成协议，松下幸之助就后悔了，这笔生意根本就是赔钱的买卖——除去成本，所挣得的一点利润还不够运输费，更别说人工、产品损耗等费用了。

可以说，松下幸之助的这次谈判是失败的，而且败得一塌糊涂。虽然他把产品卖给了对方，可在谈判的过程中完全被对方牵着鼻子走，甚至没有一点话语权——就是因为他犯了两个大错：一是过早亮出了自己的底牌；二是无原则地让步，没守住自己的底线。

其实，我们也不能怪这位经销商太过于欺负人，讨价还价本是情理之中的事情，谁不想用最低的价格买到最好的产品呢？这位经销商只是试探性地说"价格太高了"，希望能再降低一些。没想到松下幸之助竟然一下就亮出底牌，说出了自己的成本价。

这位经销商看到了大赚一笔的希望，才会试图将价格压到更低。

这时，松下幸之助若能意识到自己的失误，把价格定为4500日元或者4300日元，再或者坚持守住4200日元这个底线，那么或许还可以让自己少赚一些，最起码不会赔钱了。可是，在经销商带来的压力下，松下幸之助又一次轻易地让步了，给对方足足降了70日元，最后让经销商捡了一个大便宜。

我们可以想象，这位经销商在捡了这么大一个便宜后，心里定会兴奋不已。是啊，若谈判者都这样让步，对方岂能不高兴？

谈判中必定会伴随让步，可合作之前之所以要谈判，就是因为双方要争取最大利益。你若让步太大，忽略或没有守住自己的底线，虽然会留住合作者，但是也让自己失去了利益空间。如此一来，即使谈判成功了，也失去了谈判的价值。

所以，大家要遵守一个原则，就是谈判即使可以让步，也不能冲破底线。过大的让步，受损失的是自己，吃亏的也是自己。无原则地让步，就像站在悬崖的边缘不断地后退，退着退着，你就会掉入深渊。

兵法言，进可攻，退可守，以退为进，方能立于不败之地。谈判中的让步，其实就是兵法中的以退为进。千万不要认为让步很简单，这里面有很大的学问，不仅有攻守之道，还有博弈之道。

只有让得有技巧，让得不留痕迹，既能守住自己的底线，又能让对方的内心得到满足，才是高超谈判者的让步。

第10课

说服术

有逻辑地使用套路,
让每一句话深刻入骨

在与人沟通时,最难的是什么?没
错,就是说服他人。即使是说服高
手,也不能保证能够顺利地说服每
一个人。因此,我们要学习高超的
说服术,只有掌握了对方的心理,
迎合对方的情感,才能把每一句话
说到对方的心坎里。

按照对方的逻辑，表达自己的道理

"矛与盾"的故事，相信大家都听过。最强的矛攻击最强的盾，结果会怎么样？对于这个问题，恐怕连最聪明的人也回答不上来。

在说服他人的时候，我们完全可以借助这个故事来达到自己的目的。很简单，就是我们用对方的逻辑来说服对方，让对方不战而败。你的想法，对方不能接受，你的逻辑，对方表示抗拒，可是他自己的想法和逻辑，他总不能不接受吧？

如果你的话完全符合对方的心思，就好像他们自己在说话一样，又怎能不越听越顺耳呢？

退一步讲，即使对方依旧是"死鸭子嘴硬"，不肯承认你说的话是正确的，可他之前已经表达了自己的立场、阐明了自己的观点，若再反驳你的话，就是自相矛盾了。毕竟，如果自己说服不了自己，那么结局就只有一个：被你说服。

我曾见过两个年轻人吵架，女方吵得热火朝天，男方却不予理睬。看到男方不予理睬，女方就更加生气了，非要男方说出个子丑寅卯来。

只见男方慢悠悠地说："我记得上次你说女人吵架只是为了发脾气，脾气发完了，心里自然就舒服了。心里舒服了，自然也就没有那么生气了。可如果我和你争吵，非要争个输赢，那就是火上浇油，让你气上加气。所以，我听了你的话，让你发够脾气。怎么样？你心里痛快了吗？是不是可以原谅我了啊？若还气不过，你可以再骂我一通。没事，我皮糙肉厚，很皮实的！"

听了男方这些话，女方"扑哧"一声笑了。她拍了男方一下，说："原来你在这里等着我呢！哼，我还没发泄够呢！不过，我今天累了，给我买瓶水喝，等我养精蓄锐再和你算账！"

男方知道，女方既然这样说，就意味着自己成功了——成功地平息了她的怒气，避免了不必要的争吵。

正如阿尔·伦蒂尼的一句话所说："用对方的思维打败对方，是最高明的沟通术。能掌握这种沟通方法的人，是真正的心理操控大师。"这和我们武术中的"借力打力"有异曲同工之妙，借别人的力量，来一个出其不意的反击，别人自然就没有还手之力了。

很多人应该好好学习学习，在提升自己的表达力的同时，把自己的情商和思维能力也提高一个台阶。

当然，这里说的"借力打力"，不是指简单地用对方的话来堵

227

对方的口，而是弄明白对方的逻辑，然后在对方观点的基础上说出我们自己的观点。其关键在于我们是否能掌握对方的心理，让自己的话说得对方无法反驳，或者真正说到对方的心里。

东汉哲学家王充是著名的无神论者，经常和有迷信思想的人进行激烈的争辩。而他正是通过"借力打力"，让一个又一个顽固的有神论者对他心服口服。

有一次，王充又和几个人因为鬼魂的话题争论起来了。一个人说："人死了，人的灵魂就变成了鬼。鬼的长相和穿戴跟人活着的时候一模一样。"其他人也点头对此表示同意。

这时，王充反驳道："哦？是吗？我可不相信！"

那几个人说："你凭什么不信！有本事你说出理由！"

王充说："按照你们的理论，一个人死后，他的灵魂能变成鬼，难道他穿的衣服也有灵魂，也变成鬼了吗？按照你们的思路，衣服是没有精神的，不会变成鬼，如果真的看见了鬼，那它应该是赤身裸体、一丝不挂才对，怎么还穿着衣服呢？并且，从古到今，不知过了几千年了，死去的人比现在活着的人不知多多少倍，如果人死了就变成鬼，我们应该可以看到几百万、几千万的鬼，满屋子、满院子都是，连大街小巷都挤满了鬼。可是，有几个人见过鬼呢？那些说见过鬼的，也说只见过一两个，这样你们的说法不就自相矛盾了吗？"

王充的话，让他们不知如何回答。这时，一个人辩解道：

"哪有人死了都变成鬼的？只有死的时候心里有怨气、精神没散掉的人，才能变成鬼。古书上不是记载过，春秋时期，吴王夫差把伍子胥的尸体装入布袋抛到河里。伍子胥因为国尽忠自杀而死，心里有怨气，就变成了鬼，所以每年秋天掀起潮水，发泄他的愤怒！这不就是很好的证明吗？"

王充笑了笑，说："可是，你们不要忘了，伍子胥的仇人是吴王夫差。吴国早就灭亡了，吴王夫差也早就死了，伍子胥还跟谁做冤家，生谁的气呢？伍子胥如果真的变成了鬼，有掀起大潮的力量，那么他面对越王勾践的大军时，为什么不使出掀大潮的劲儿，把敌军击退呢？"

顿时，那几个人彻底哑口无言了。有几个人还当场改变立场赞同王充的想法，成了无神论者。

用对方的逻辑来攻击他们自己的观点，王充就是因为利用了这个方法，所以仅凭几句话就改变了那几个人的有神论思想。虽然你不能达到王充这样的水平，可如果掌握了这个技巧，就可以让自己的话更有说服力。

当然，你说话的逻辑要清晰，更要有道理，不能为了反驳而反驳。否则，你的"借力打力"即使用得再好，如果脱离了实际，想要取得成绩也是很难的，且很容易被对方抓住漏洞。

摆明好坏利弊，
让说服轻而易举

前阵子朋友感慨教育孩子不容易：严厉了，怕他的心灵受到伤害，形成自卑、懦弱的性格；宽松了，又担心他形成不好的习惯。

"就拿孩子犯错来说吧。你要是严厉地批评他，他就哭哭啼啼，睁着恐惧的大眼睛看着你。我真怕给他造成什么心理伤害啊！可是，你好好地和他说，他又不拿你的话当回事，甚至不耐烦地说你唠叨。这孩子究竟应该怎么管呢？"朋友抱怨着苦恼，看来是被他家的"小神兽"折磨得够呛。

没错，教育孩子是一个大问题，尤其是面对孩子的坏习惯、错误，很多家长容易走两个极端，就像我这个朋友一样，要么就是把孩子痛骂一顿，甚至打一顿，要么就是唠唠叨叨不停地说教。

可事实上，这两种方式都不是正确的选择，都可能导致教育的失败。最好的办法就是，明确地告诉孩子他的做法是错误的，这样做会有什么样的后果、会受到什么样的惩罚。若孩子继续犯类似的错误，就按照规定给予他相应的惩罚。慢慢地，当孩子不愿意或不能承受其后果的时候，自然就可以主动地改正错误。

简单地说，如果你摆明了利害关系，那么说服孩子改正错误的积极性、概率就会提高很多。说服其他人，也是同样的道理。

不管是大人还是小孩，都把自己的利益看得非常重要，谁对自己好，谁对自己不好，什么对自己有利，什么对自己有害，他们内心非常清楚。你若能够先告诉他，这样做有什么样的不良后果，相信绝大部分人就会对这个行为避而远之。毕竟"明知山有虎，偏向虎山行"的人是很少的。

我们不妨看看下面讲的这个故事。

北宋时期，大宋与党项族之间经常发生小规模战争。党项人时常骚扰大宋边境，百姓苦不堪言。

有一年，边境的士兵抓住了党项族首领李继迁的母亲，赵匡义听闻这个消息万分欣喜，立即下令斩杀李母，好给张狂的李继迁一点颜色看看。于是，李母刚刚被押至京城，赵匡义就命人将她绑于午门外，定于午时斩首。

大臣吕端听闻此事，大喊一声"不好"，立即进宫求见赵匡义，试图说服他改变主意。吕端见到了赵匡义，直截了当地说：

"万岁，我听说李继迁之母被擒，现正在午门外等待斩首。您为什么要杀掉她呢？"

赵匡义扬扬得意，说道："难道不行吗？我就是要那些叛逆的人看看，这就是他们的下场。我主意已定，你不要再劝了！"

吕端知道劝谏赵匡义不是容易的事情，深思片刻，他说："万岁，容臣讲一个故事吧。当初项羽打算油烹汉高祖的父亲，汉高祖不仅不投降，反而高声喊道：'油烹了我的父亲，希望也分给我一杯肉汤喝。'汉高祖尚且不顾念他的亲属，何况像李继迁这样野心勃勃、以下犯上的人？"

赵匡义一愣，一时竟不知说什么好。

吕端又继续说："万岁，即使您今日杀了李继迁的母亲，明日也不一定就能捉住李继迁啊！如果捉不到李继迁，白白地结下怨仇，反而越发坚定其叛逆之心。所以，依臣之见，万岁可以将李母安置在延州，好好款待她，以此为诱饵招降李继迁。即使他不投降，我们也可拴住他的心。万岁，你想想，李继迁的母亲在我们手里，他还敢轻举妄动吗？"

听完吕端的话，赵匡义连连点头，说："嗯，你说得有道理。"之后，他立即命人把李母从刑场押回，还好好地加以款待。

后来，李继迁的母亲老死在延州。而李继迁死后，他的儿子仰慕大宋的仁义，向大宋称臣。

吕端之所以能说服赵匡义，就是因为巧妙地引用了刘邦与项羽的典故，晓之以利害，说出了杀掉李母的害处、饶了李母的好处。因为赵匡义是个聪明人，自然不会做出糊涂的事情，所以不会明知杀了李母有害无利，却依旧一意孤行。

你若遇到了比较固执、不肯听取别人意见的人，也不要太过于着急，更不要苦苦哀求，只要让他们知道所坚持的事情会给他们带来什么样的后果，自然就可以轻松地解决问题。

现在不是流行一句话吗？"小孩子才分对错，大人只权衡利弊。"对于关注自己利益的人来说，晓之以利害关系，就是最有效的说服方法。

当然，你摆出的好坏利弊不能是胡编乱造的，更不能是毫无根据的主观臆断，而应该是有理有据的判断与推测。否则，你的说服不仅无法成功，还可能让对方对你产生敌意。就算你暂时说服了对方，等到他明白真相之后，恐怕也会找你算后账。

对于这一点，语言大师卡耐基运用得非常自如。他就曾经利用这一技巧说服了一个非常固执的饭店经理。

卡耐基经常在美国纽约开课演讲，演讲场地则是租用某些饭店礼堂。有一次，他正筹备一个新的培训班时，却接到一个不好的消息：一家饭店经理要求涨价，且租金是原来数额的三倍。

这下可让卡耐基犯难了。因为他早已发出通知，如果临时改租其他地点的话，那么肯定会给自己以及来听课的人带来很多麻烦；可是如果续租这个礼堂，那么租金的数额又是他不能承受的。

当卡耐基找到饭店经理的时候，对方一再表示这是上面的命令，他没有权力做出让步。其实，卡耐基知道，这只是他的托词罢了，可是自己若不能给出足够的理由，那么对方是不会妥协的。

思考了一会儿，卡耐基心平气和地说："你要提高租金，我不怪你，因为你的责任就是多赢利。不过我们应该认真思考一下，你这样做，最后对自己到底是好还是坏。"

提高租金，对于饭店来说，怎么会是坏事呢？没错，饭店经理也是这样想的，所以在卡耐基说完这话后，他毫不在意地看着卡耐基。

卡耐基继续说："没错，如果我租不起而退出的话，你或许可以马上租给别人办舞会、晚会用，你们就可以得到更高的租金，这对你们是有利的。但我觉得这利远远没有弊大。每次我演讲的时候，会有成千有文化、受过教育的中上层管理人员来到你的饭店，他们都是有事业、有成就的人，若听说你们饭店坐地起价、不讲信用，又会如何想呢？

"更何况，来听课的大部分人都需要住宿，我若离开的话，那么你们的饭店岂不是失去了许许多多的客人？事实上，即使你用几十万美元也邀请不到这么多人来，而我却不花你一分钱就帮你请来了，难道你不是非常划算吗？

"要知道，我不是不能再找饭店，可我们之前合作得很好，我也不想太麻烦。请你认真地考虑一下吧，你若执意要加价，我就只能离开了。"

最后，饭店经理放弃了涨价。

可见，晓之以利害让说服变得轻而易举。谁不愿意让事情朝着好的方向发展呢？谁不想让自己获得更多的好处呢？在说服他人的时候，我们应该抓住这一点，有理有据地摆明好坏利弊。

当然，如果想要更好地掌握这一技巧，我们把利害关系说明后，就要把选择的权利交给对方，让对方来做选择。千万不要强迫对方做出决定，否则就会激起对方的逆反心理，使之前的努力付诸东流。

击中对方的软肋，
瞬间摧毁防御壁垒

万物总有软肋，凶猛无比的鲸鱼是水中的霸王，那尖利的牙齿可以咬碎非常坚硬的东西。可一旦离开了水，鲸鱼便失去了体积庞大的优势。

还有翱翔长空的鹰，那坚硬的翅膀、俯冲的速度，让大部分鸟望尘莫及。可一旦离开天空，其尖利的嘴和爪子恐怕也敌不过老虎、狮子的厉害。

我说这些，就是想告诉你，每个人都有自己的软肋，对手的软肋，往往就是你的盔甲。即使遇到最顽固、最难被说服的人，一旦你找到了他的软肋，就可以瞬间摧毁其心理防线，达到自己的目的。

一个男同事，原本是贪玩、不安分的人，喜欢在外边玩，喝酒、唱歌更是常事。他的几任女朋友都对此深感不满，希望他能收收心，甚至有的女孩还以分手相威胁，可都没能"收得住"他。

现在，他却是一个模范老公，每天下班就回家，陪着妻子吃饭、看电视，除非公司有集体活动，晚上几乎不外出。就算参加集体活动，他也会在晚上十一点之前赶回家。

同事们都笑话他"转性"了，或者被妻子施了魔咒。其实，这个男同事的妻子就是一个会"施魔咒"的聪明人，"摸"到了男同事的软肋——耐不住妻子的撒娇。

这个男同事的妻子聪明地抓到了他的软肋，每当男同事想出去玩的时候，她便温柔地说："你去吧！不用管我了。"然后又撒娇地说："不过我有些怕黑，你能早些回来陪我吗？"男同事晚归之后，她正窝在沙发里看电视，说："我一个人有些害怕，想等你回来一起睡！现在你回来了，真是太好了！"久而久之，男同事便不再晚归了。

一个偶然的机会，我们算是见识到了这个男同事的妻子的撒娇功力。那一天，几个同事在他家讨论着工作上的事情，意见有些不统一，尤其是这个男同事，坚持认为自己的想法是正确的，听不进去任何人的意见，让场面变得有些尴尬。

这时，他的妻子刚好下班回来，见此情形，笑嘻嘻地坐在他身边，说道："老公，你们在说什么啊？我可以听听吗？"

男同事的脸色变得好了起来，可语气还有些强硬，说："我们正在谈工作上的事情，你不要捣乱了。"

谁知她不仅没回避，反而一把抱住同事的胳膊开始撒娇："可是我怎么觉得气氛有些不对呢？"

一个人笑着说："嫂子，我们刚才确实有些分歧，不过不是什么大问题，你不要担心。"

一听这话，她笑着说："哎呀，是不是我老公的问题啊？他这个人就是有些固执。老公，你的偏脾气是不是又犯了？可不要这样哟！要不然，你的朋友和同事会都跑光的，只剩下我一个人陪着你了。"

其他人听了这话都哈哈大笑起来，这个男同事也不好意思地笑了。之后，气氛变得轻松了，男同事的态度也不再那么强硬，最终我们达成了协议。

在爱情里，你若能找到爱人的软肋，然后再击中他的软肋，那么爱人就只有乖乖听话的份儿了。当然，这不仅适用于爱人之间，任何人都是如此。

不管你与谁交流，如果想说服他，最简单又有效的 "套路"，就是攻击他的软肋。而且，不用怀疑，任何人都有一两处软肋。

之前我看过这样一个故事。第二次世界大战时期，美国和德国之间的间谍战颇为频繁，双方派出了不计其数的间谍。这些间谍都受过严格的训练，有聪明的头脑、顽强的意志，以及强大的反侦察意识。所以，即使他们被抓捕了，对方也很难在他们口中得到任何有价值的信息，就更别说说服他们心甘情愿地说出情报了。

不幸的是，美国反间谍队的高级教官伯尼·费德曼被德军抓住了。为了从他的嘴里套出情报，德军用尽了各种残酷的手段，从严刑拷打到威逼利诱。可费德曼始终没有说出一个字，甚至对德国充满了轻蔑和嘲讽。

其实，从被德军抓住的那天，费德曼就下定了决心，宁死也不会出卖国家。所以，在德军严刑拷打他的时候，他巴不得德军能早点处死自己，好让自己成为美国的英雄。

可就是这样一位视死如归的英雄，后来竟然"吐出了真言"，让德军得到了最有价值的情报。难道他叛变了？其实并不是如此，而是因为德军找到了费德曼的软肋。

德军知道费德曼是最严厉的教官，为美国培养出无数优秀的间谍，且不容许自己的学员出现任何失误。于是，德军把费德曼送到一所培养间谍的干部学校，让他跟随一位给学员们讲课的教官。

这位教官在教学生的时候，故意说了许多错误的方法，甚至是听起来愚蠢至极的方法。开始的时候，费德曼不时发出不屑的冷笑，心里想着如此愚蠢的教官怎么可能教出优秀的间谍，他教的方法真是破绽百出，太愚蠢了……

可他越听越忍不住了，最后情不自禁地反驳了这个"愚蠢"

的教官，还大谈自己教授学员的经验。后来，他竟然开始高谈阔论，谈起美英一些间谍工作的内幕，甚至对德国人应该如何搞清通信网提供了很多建议……

事情的结果令人惊讶吧？！

与其说费德曼输给了德军，还不如说他输给了自己的软肋——敬业感和职业神圣感。他无法忍受那位教官胡乱地教学员一些错误、愚蠢的知识，而德国人就是因为找到了他这个软肋，用计刺激他，使他全然忘记了自己俘虏的身份。

了解对方是说服对方的关键。虽然这句话说起来非常简单，但做起来却一点都不容易。很多人之所以没有成功说服别人，不是因为他们表达能力不强，更不是因为他们不积极努力，而是因为他们没有找到对方的软肋，之前的努力都是在做无用功。

当然，这个软肋不一定是缺点，也可以是一个人内心最敏感、最柔软的地方。那么我们如何才能找到对方的软肋呢？尤其是对于陌生人、我们不太了解的人，我们如何在最短时间内说服他呢？

不用发愁。很久以前，日本最顶尖的推销员齐藤竹之助就给出了建议："想轻易地发现每个人身上最普遍的弱点，是很简单的事情，只要你观察他们最爱谈的话题便可以知道。因为言为心声，他们心中最希望的也就是他们嘴里谈得最多的。所以你就在这些地方挠他，一定能挠到他的痒处。"

　　只要击中了对方的软肋，你就可以瞬间摧毁对方的心理防
线，说服对方。

想要说服他人，
借助情感是一条捷径

你若想说服他人，更进一步说，想让他人认同你、喜欢你，不得不说，借助情感是一条很好的途径。若能够运用得好，就会让你轻松地达到自己的目的。因为无论多么客观公正或顽固不化的人，都不可能完全不受情感的影响。

你若不喜欢一个人，对他没有好印象，那么自然不愿意听他说话。不管他说的话多么动听、如何富有哲理，你都会厌烦不已。相反，如果你喜欢一个人，对一个人有深厚的感情，你就会觉得他的话如同歌声一般动听。

这就是我们所说的移情作用，属于人们一种爱屋及乌的心理。所以，人们容易受情感的支配和左右，就像每个人小时候更愿意和自己喜欢的小朋友做游戏、更愿意分享糖果给自己喜欢的小伙伴一样。

也就是说，我们的选择更容易偏向那个自己更喜欢的人。当我们希望达到某一目的时，这种情感上的亲近和认同就会显得尤为重要。

朋友小路曾分享给我一段有趣的经历。小路创业时，由于前期准备工作繁多，资金有些周转不开。本来他想去银行贷款，但是当时银行不愿意把贷款放给他这样的微小企业，他跑了好几家银行，都没有成功拿到贷款。

正当小路一筹莫展的时候，他想起之前的一个合作伙伴——以前两人有过"并肩战斗"的日子，大热天骑着自行车跑客户，中午就在快餐店吃个盒饭，还时常吃客户的闭门羹。现在，这个合作伙伴生意做得不错，资金雄厚，但是或许因为是从苦日子中过来的人，所以为人非常节俭，说得难听一些，就是有一些吝啬、小气，把钱看得比较重。

在走投无路的情况下，小路只好找这个曾经的合作伙伴碰碰运气了，能借来资金固然好，借不来也属于正常。

斟酌再三，小路决定骑自行车去对方的公司。当时正是三伏天，骄阳似火，骑到该公司时他已经汗流浃背了。

看到小路狼狈的样子，合作伙伴惊讶地说："你这是怎么回事？怎么出了这么多汗？"

小路一边擦汗一边说："我是骑自行车来的，因为现在天气太热了，所以才热得满头大汗。"

合作伙伴笑着说："你现在大小也是个老板，怎么不开车来呢？”

小路说：“唉！因为目前资金有些紧张，所以我把自己的车卖了。”

合作伙伴说："即使把车卖了，你也可以打车啊！难道你现在连打车的钱也要省下来吗？这能省多少钱啊？我这个人比较小气，没想到你比我还小气！"

听了这话，小路哈哈大笑起来，然后说道："这没什么！不就是骑几天自行车吗，我又不是没骑过！当初咱们俩一起跑客户时不就是骑自行车吗？就连寒冬腊月都是如此，咱俩都冻得直发抖……"

接下来，两个人一起回忆起当初奋斗的艰苦，以及为了梦想而拼搏的美好。最后，合作伙伴没等小路说话，便主动说："其实，我知道你今天来找我是为了借钱的事情。开始，我没打算借给你，还想好了推托的理由，你知道的，虽然我的公司目前生意还不错，可……"

合作伙伴没说完，小路立即说道："你放心，这笔钱我只用三个月，而且还会给你比银行高一些的利息……"

合作伙伴打断他，接着说："你不要着急，我这话还没说完呢。原本我是不打算借给你，可刚才看见你满头大汗的样子，再听你说起之前咱俩一起奋斗的事情，让我感慨万千！咱俩的情谊那么深厚，你有困难，我必须帮你。你说个数，我一会儿就让公司会计给你打过去！"

连小路自己都没有想到，自己的目的这么轻松就达到了。

可以说，情感的触动，是对一个人最直接的刺激，也是他做出选择的关键。俗话说："道不同不相为谋。"假如两个人选择的方向不同，就不能在一起长久共事。这里的"道"，可以指两个人的价值观和世界观，也可以指情感。

你费了半天口舌，也没有说动对方，说到底，就是因为缺乏情感上的共鸣。你在情感上都没有得到对方的认同，所说的话没有触碰到对方的敏感神经，又何谈说服呢？

在说服的过程中，情感"热"往往比话题"热"更重要。不管多么热门的谈资、多么有趣的话题，如果你不能让对方产生情感认同，那么你所说的话就显得无足轻重。反之，如果你的话触动了对方的情感，对方就会不自觉地让自己的内心选择向你靠拢，进而赞同你的说法、答应你的要求。

显然，朋友小路的情感攻势起了作用。他采用骑自行车拜访、回忆往事的方法，触动了对方的真情，让对方的心和自己的心更加贴近，使自己的说服达到了事半功倍的效果。

在生活中，假如你遇到了很难说服的人，只要你恰到好处地借助与他人之间的情感联系，自然就会让成功说服对方成为顺理成章的事情。

嘴上争输赢，
只输不会赢

谁不想让别人赞同自己，谁又不想说得别人心服口服呢？想做到这一点，你就必须努力，让自己的说服有条理、有逻辑，让每一句话都深入对方的心。

可很多时候即使你做到了这一点，恐怕也难以说服别人，因为很多人是听不进去道理的。尤其是恋人之间，你和她讲道理，她和你讲感情，你说她无理取闹，她说你不顾及她的感受。

我曾在某超市门口遇到过这样一对正在谈恋爱的年轻人。两个人开始还有说有笑的，可不一会儿女孩就发起脾气来。仔细听了一下，原因很简单，女生想要外出逛街，可男生觉得拿着那么重的东西去逛街实在太累赘了，便提议先回家把东西放下，然后再外出逛街。女生不同意，于是就生气、发脾气。

事实上，这不过是年轻人因为意见不合而导致的分歧罢了，你提出一个建议，我持有不同意见，于是发表了自己的一些看法。可男生的性子比较急，太过于着急说服女生，结果把说服变成了争吵。

男生的看法是正确的，拿着一大包东西逛街，确实非常麻烦。他的想法也非常简单，只要把女生说得无话可说，那么自己的目的就达到了。可是，他忘记了女生生气时是听不进去道理的，说得不好听一些，就是不太讲道理。

接下来，我就看到这样的一幕：男生滔滔不绝地说着"这个东西实在太沉了"，"万一丢了怎么办"，"你应该考虑下如何解决问题更合理"，以及"就是你错了，为什么你总是这么任性呢"，等等。

不管男生说什么，女生似乎都没有听进去，她一直固执地坚持着自己的"终极主题"："你就是不顾及我的感受"，"你竟然敢吼我"，甚至"你就是不爱我了"，等等。

最后，男生无奈之下只能低头认错，答应提着一大包东西陪女生去逛街。

这样的情形是不是似曾相识？没错，很多男性朋友都感同身受，因为他们的妻子或女朋友正如故事中的女生一样，有时完全不讲道理。

我的很多男性朋友也曾经抱怨过，想说服自己的妻子或女朋友是非常困难的事情。当你试图讲道理、用强大的逻辑在语言上战胜她时，她会立即展开感情攻势，把你所有的"攻击手段"都解读为"你不爱我"或"你不考虑我的感受"等。

是女生真的不讲道理吗？其实，并不是如此。与男性的理性相比，女性更感性。所以，你对着她讲一大堆道理，远远不如对她说一句"我懂你""我爱你""我理解你"。这是因为与那些所谓的道理相比，她们更关注对方是否在乎自己的感受。

一位刚和丈夫吵完架的女性朋友就说出了很多女人的心声："我真不明白，为什么他每次总想着要辩倒我，好像非要把我说得哑口无言才罢休。难道口头上的胜利比我的感受还重要吗？事实上，有时我知道自己是错的，可只要听到他在那里振振有词，甚至尖锐地攻击我，我便不想认错，更不想承认他是对的。"

看到了吧！说服，不是辩论，更不是争吵。口头上的胜利，并不是最后的胜利。相反，当你不遗余力地把对方驳得体无完肤时，你的说服就走向了彻底的失败。因为你不仅让对方下不来台，还伤了对方的心，甚至还可能激起对方的叛逆心，让他对你逐渐关上心门。这样一来，你再想说服他，恐怕就没有任何可能了。

我们说服的目的是什么？是取得嘴上的胜利吗？当然不是。"说"，也就是我们所说的讲道理、摆事实，只是我们的表达方式。而"服"，是指让对方听从我们的建议，按照我们说的去做，这才是最终的目的。

千万不要逞一时口舌之快，无论你争的结果是什么，实际上都会得到只输不赢的结局。不信看看身边或回望历史，哪一个聪明人会在乎嘴上的输赢，哪一个逞一时口舌之快的人又得到了好的结果？

看完下面讲的这个故事，或许你就会有更深的感悟，知道以后应该如何去做了。

秦昭王时，有一个叫中期的大臣，为人刚正不阿，性格耿直，时常因为政事和秦昭王争论。一天，中期竟然在朝堂之上和秦昭王叫板，说得秦昭王理屈词穷、节节败退。

很显然，中期争论赢了。可秦昭王口服心不服，勃然大怒地训斥了中期一顿，说他以下犯上、目无君主。而中期也丝毫不给秦昭王留面子，竟然头也不回地走了，留下秦昭王在朝堂上暴跳如雷。

在任何朝代，顶撞和冒犯国君都是一项大罪啊！况且秦国素来以严苛的刑法闻名，怎么能轻饶中期呢？盛怒之下的秦昭王当即决定斩了中期。

这时，一个大臣站了出来，想为中期说情。如果你是这个大臣，你会怎么说服秦昭王呢？与秦昭王争论，说中期说得有道理，秦昭王不能杀他？还是摆事实、讲道理，说忠臣都是敢于直言、刚正不阿的？无论你采取哪一种方式，恐怕都无法说服秦昭王，说不定还会赔上自己的性命。

但是，站出来的这个大臣说："大王，您不要生气。中期这个人就是直性子，说话太冲、太直，不顾及别人的感受。还好，他遇到您这样仁慈的大王，否则早就被砍头了！"听了这句话，秦昭王的脸色好了很多，怒气也逐渐减退了，他对这个大臣说："是啊！中期就是个直性子，说话喜欢直来直去。算了，我还是不和他计较了。"

就这样，这个大臣仅凭两句话就说服了秦昭王。因为他没有和秦昭王站在对立面，更没有和他争论，而是选择和秦昭王站在一个立场，说出中期的缺点，还侧面夸奖了秦昭王的仁慈。

在嘴上争输赢的人，往往都会输给自己的逞一时口舌之快。说到底，说服不是争论，你若只在乎输赢，那么永远也赢不了人心，更不会让对方心服口服。

请记住：不管面对什么人，也不管你有多么好的口才、多么能讲道理，都不要一味地在嘴上争输赢。

第11课

讲故事

空口白牙讲道理，
抵不过别开生面讲故事

这个时代，没有人愿意听大道理，
更没有人有时间听你讲大道理。可
如果你能把故事讲好，然后把道理
融入故事中，就可以轻松达到自己
的目的。可以说，会讲故事，绝对
是一个人的优势。

这个时代，
比的就是谁更会讲故事

谈话，最重要的是什么？你说他听，他说你听，然后彼此畅快地交流，更进一步的话，还可能惺惺相惜。可恰好这一点是最不容易做到的。

很多人都有过这样的经历：在谈话过程中，无论自己怎么说，别人都提不起精神听。看着对方"死气沉沉"，只是"嗯嗯啊啊"地应和，就差眯着眼打瞌睡了，自己的情绪自然也会越来越差，最后寥寥几语便结束了谈话。

其实，也不怪听的人没有反应、提不起任何精神，你说的话空洞无物，没有十足的感染力，又如何能够吸引别人呢？应该说，没有几个人能正襟危坐、津津有味地听别人一本正经地讲大道理。你的话越是道理多，就越招人厌烦，还可能成为听者的催眠曲，让其昏昏欲睡。

你如果讲故事，就很容易让人产生倾听的欲望，效果也会好很多。"谁会讲故事，谁就拥有世界。"柏拉图的话并不是信口开河。看看古今中外那些传世的文人、学者，那些卓越的演说家、政治家，哪一个不是会讲故事的人？

莫言获得了诺贝尔文学奖后说了一句话："我是一个讲故事的人。因为会讲故事，所以我获得了诺贝尔文学奖。"

你说的话，想让别人愿意听，就应该尽量做到生动、有趣，不是干巴巴地陈述，也不是空口白牙地讲道理，而是别开生面地讲故事。只要把故事讲好了，还愁不能打动听者的心？

一个朋友找我帮忙，说他前段时间做了一件好事，帮助一位大婶儿抓到一个小偷，很快这件事情就被街道办事处知晓了。为了宣扬见义勇为的传统美德，街道办事处对朋友进行了表彰，并且让他做一次演讲。

朋友苦恼地说："我哪会演讲啊，你可要帮帮我啊！我怕讲不好，还写了一篇演讲稿，你帮我看看吧！"

他是这么写的："各位街坊邻居、各位朋友，我昨天在街区公园抓住了一个小偷。这个小偷当时趁一位大婶儿不注意，拎起她的包就跑。我立即追上去，把小偷抓住了，并把他送进了派出所。"

接下来，他写了见义勇为是中华民族的传统美德、见义勇为的社会意义、为什么要见义勇为等。

看完之后，我不禁笑了："你这段文字，太苍白空洞了，谁会喜欢听呢？"

朋友说："那我该怎么说呢？"

我给朋友建议："你只要把故事讲好就可以了，用生动的语言把事情的经过描述一遍，描写自己的心理活动、如何与小偷搏斗，以及如何抓住了小偷。"

接下来，朋友又重新写了一篇演讲稿：

"各位街坊邻居、各位朋友，前几天我们街区发生了一件了不得的事情！你们知道是什么事情吗？对！我抓住了一个小偷！

"我记得那是上午十点左右，好多人都在街区公园里玩儿，大婶儿们正随着音乐开心地跳着广场舞。突然，一位大婶儿惊叫道'我的包，我的包'，那声音大得把音乐都盖住了。当我正转身的时候，有一个人缩头缩脑地走过去，他的眼神四处瞟着，脚步匆忙。我仔细一瞧，他手里拿着一个包！我瞬间就明白过来，他就是偷包的人！说时迟那时快，我像箭一样冲过去……

"我用手臂抓住了小偷的衣服，并奋力将其扑倒在地。小偷反身踢了我一脚，挣脱开了。那一脚踢得我很疼，但我来不及多想，使劲抱住小偷的胳膊。这时，大家也都追了过来，围得像铁桶一样，小偷无处可逃了，最后只好束手就擒，乖乖地把偷走的包还给了大婶儿。那位大婶儿高兴得直夸我，其实不用客气，因为大家都是街坊邻居，所以互帮互助是应该的。而且这也不是我一个人的功劳，大家都是'活雷锋'。"

结果，朋友的演讲赢得了热烈的掌声，所有人都夸他勇敢、乐于助人，很多人还关心地询问他，是否被小偷踢伤、现在被踢的地方是否还疼……

看吧！精彩的故事最富有感染力，即使用朴实的语言讲，也可以吸引听众的注意力。朋友没有大讲见义勇为的意义，更没有高声号召人们都要学习见义勇为的精神，可所有听他演讲的人都深深地被激励和鼓舞了。

因为他把这个道理融入了故事的细节里、融入了自己的真情实感里。这鲜活的故事、这亲身经历，让所有人都产生了"身临其境"的认同感，从而产生了直抵人心的力量。

讲故事，自然比单纯地讲道理更能吸引人、更让人印象深刻，这就是故事的魅力。

先厘清表达目的，
再设计故事创意

　　所有人都喜欢听故事，于是很多表达者学会了讲故事，希望通过讲故事达到自己的目的。但是，如果讲不好故事，就不能触动听者的心。

　　这也让我们明白，讲故事并不简单，并不是把自己听说的或编造的故事说出来就行了。想让故事吸引人，你的故事就要生动、有趣，更要有创意。想达到自己的表达目的，你就应该围绕着自己的目的设计有创意的故事。

　　乔布斯就是一个表达高手，确切地说，他是一个设计故事、讲故事的高手。人们都说他是全世界企业家中最会讲故事的人。在过去的三十年中，他发布的一切内容都是为了吸引自己的客户，实现苹果公司的商业价值。无论是与人谈判，还是在产品发布会发言，他都能讲出生动有趣的故事。

　　当初乔布斯刚刚创建苹果公司，需要有能力和才华的帮手。

他看中了可口可乐公司的副总裁，可人家已经功成名就，怎么会来他这个前途未卜的小公司呢？

这时，乔布斯只讲了一个故事，一个只有一句话故事——"你是愿意卖一辈子糖水还是愿意跟着我去改变世界？"

这一句话就说服了那位副总裁。是啊，谁不想成就一份伟大的事业？乔布斯就是抓住这一点讲了一个令人心动的故事，然后成功地达到了自己说服对方的目的。

后来，乔布斯把自己的产品发布会发展成为一门艺术，一门故事、创意相结合的艺术。可以说，苹果公司的成功，除了因为有创新的产品，还因为拥有最会讲故事的乔布斯；除了产品的创新，乔布斯还开创了卖故事的独特模式。可以说，苹果的产品发布会就是全球故事大会。

1997 年，苹果公司推出了非同凡响的广告，广告中介绍了一些非同凡响的人："他们特立独行，他们桀骜不驯，他们惹是生非，他们格格不入……或许他们是别人眼里的疯子，但他们却是我们眼中的天才。因为只有那些疯狂到以为自己能够改变世界的人，才能真正地改变世界。"

乔布斯在发布会上几乎没有介绍过产品，只是讲述着一群人的价值观、情感，但依然导致很多消费者变成了苹果最忠诚的粉丝。原因很简单，他的故事总是能触动消费者的内心，使其产生情感上的共鸣。这就是乔布斯的高明之处。

很多人也讲故事，可有时思维太发散，时常把故事讲散，甚至离题万里。看看市场上某些广告，不是只简单地重复产品名称，就是胡乱地讲故事，我们根本不知道它卖的产品是什么，更别说欣赏广告的创意和美感了。试问，这样的表达如何吸引人？

我看过这样一个广告，画面非常美：沙滩、海水，天空蔚蓝，一群海鸥飞翔着。画面一转，一栋漂亮、高档的别墅，阳台上的美女在吹着海风。我以为这是某房地产公司的广告，可我想错了。广告的结尾出现一段英文，大致意思是，你想象的美好生活便是眼前的美景——某某汽车。

可以说，这个广告的画面很美，可它和汽车有关系吗？没有。你如果不看它的广告词，根本就不知道它在卖什么产品。这就是讲故事的失败！

我们想让故事吸引人、达到自己的目的，就必须做到一点：先厘清自己的表达目的，再把故事娓娓道来。否则，讲故事的效果微乎其微。

说到这里，我想起一个关于推销的故事。这个故事中的推销员，就是一个讲故事的高手。推销员所在的公司生产出了一种新的化妆品，叫作兰牌绵羊油。在推销的时候，他没有向客户讲绵羊油含有多少微量元素，是用什么方法生产出来的，而是讲了一个动人的故事。

很久以前，有一个国王，他是一个美食家。国王有一个厨艺精湛的厨师，能做出香甜可口的饭菜，国王对他十分满意。突然有一天，这位厨师的手莫名其妙地红肿起来，做出来的饭菜再也不像以前那么好吃了。国王十分着急，命御医给厨师治病，可御医绞尽脑汁也弄不清楚这个病是由什么原因造成的。厨师只好含泪离开王宫，开始了自己的流浪生涯。

后来一个好心的牧羊人收留了这位厨师。于是，这位厨师每天和这个牧羊人风餐露宿，以放羊为生。放羊时，厨师就躺在草地上，一边回想着过去的故事，一边用手抚摸着绵羊。夏天到来的时候，他帮助这个牧羊人剪羊毛。

有一天，厨师惊奇地发现自己手上的红肿不知不觉地消退了！他十分高兴，告别了牧羊人，重新来到了王宫外，只见城墙上贴着一张皇榜，国王正在面向全国招聘厨师。厨师就揭了皇榜前去应聘，这时人们早已认不出衣衫褴褛的他了。

国王品尝了他做的饭菜以后，觉得美味可口，简直和以前那位厨师做的一样好吃，就把他叫了过来，发现果然是他。国王非常好奇地问这位厨师手上的红肿是怎么消退的。厨师说不知道。国王详细地询问了他离开王宫之后的情景，断定是绵羊毛使厨师手上的红肿消退了。

故事讲完后，推销员笑着说："我们公司就是根据这个古老的故事开发出了绵羊油，它的效果……"结果，推销员的推销非常成功，业绩是其他推销员的十几倍。

一个有创意且贴合主题的好故事就是有这样的效果。

但是，故事只是辅助，最重要的是，你要知道自己想通过故事表达什么。所以，我们必须先厘清表达目的，再设计故事，不能为了讲故事而讲故事。如果你的故事离题万里，那么即使再生动有趣、创意十足，也毫无效果。

给故事注入情感，它会更感人

我们如何才能把故事讲好？我建议，给故事注入情感才会让它生动、动听，更容易感动人心。爱情、亲情、友情构成了我们每个人的情感世界，同时在不同程度地左右甚至支配着我们的行为和决定。

恰恰因为如此，人与人之间的交流不仅是语言的交流，更是情感的交流。给自己的表达，确切说是给自己讲的故事注入情感，就等同于给自己的表达注入了灵魂，可以缩短彼此的心理距离，从而轻松打动对方的心。

换句话说，我们表达自己的目的是影响他人，可怎样才能让自己的表达影响力最大化？动情地讲好自己的故事便是最好的办法。哲学家亚里士多德就曾经向世人宣告："我们无法通过智力去影响别人，却可以通过情感做到这一点。"

凡是影响力巨大的表达者，都是善于讲故事的人，且他们都能把自己最真挚的感情融入故事中。无论是在中国还是在国外，人类的很多文明都是通过故事的形式流传下来的。《中华神话故事》《诗经》《荷马史诗》《伊索寓言》《一千零一夜》……每一部经典中都有令我们动容的感人故事。

因此，当我们学会讲故事，并且把感情注入其中，然后真诚地分享出来，我们的表达就会变得更有影响力。

我一直在追《奇葩说》，在奇葩辩手中，给我印象最深刻的是颜如晶。

因为颜如晶非常会讲故事，她每抛出一个论点，都会用自己的亲身经历或者朋友的故事来举例，然后娓娓道来，深情述说。讲到动情之处，她还眼含泪水、哽咽不止。瞬间，观众就被她带入自己营造的情景中，深深地被她的情感故事打动。

记得第三期的时候，有一期的辩题是关于"爸爸的陪伴"的话题。我们都知道，现在父亲缺失孩子教育的问题，已经是整个社会普遍存在的一个大问题。很多父亲因为工作忙很少陪伴孩子，有的甚至身在心不在，让孩子感受不到父亲的真心陪伴。

面对这个问题，颜如晶讲起自己的故事。她说自己和父亲很少单独相处，几乎不怎么交流，就别提什么陪伴、了解、交心了。当爸爸去美国旅游的时候，竟然给她带回了小猪佩奇和冰雪奇缘的卡通玩具，他以为女孩子都应该喜欢。可要知道，颜如晶已经不再是几岁的女孩，所以她在现场无奈地吐槽："我都

26岁了！"

瞬间，现场观众被她的故事吸引、被她的故事打动，也不约而同地想起自己和父亲的相处模式或者身为父亲的人和自己的孩子的相处模式。

接下来，颜如晶动情地说："孩子的人生是一部连续剧，从第一集到第二十集，他会慢慢地变。""连续剧你不看，可以补，但是孩子的人生是补不回的，你不看就永远都看不到了。""父母是孩子前半生唯一的观众，孩子是父母后半生唯一的观众。"

一番感性而又饱含真情的陈述直戳人心，让现场所有观众都流下了眼泪，就连几位导师的眼睛也湿润了。

还有一期辩题是关于"能者是否应该多劳"的话题。颜如晶讲了朋友遭遇严重车祸的事情。当时，朋友被送到医院后并没有得到及时治疗，因为所有医生、护士都忙得团团转，根本照顾不过来每一个人。这时，一位已经做了很多台手术的医生，不顾身体的疲惫，主动接下了手术任务，帮助朋友渡过了危险。

颜如晶激动地讲着动情的故事。当她说完后，观众纷纷表示支持，因为她讲故事的时候把朋友受伤后无人治疗的焦急、自己无能为力的痛苦、看到有人挺身而出的感激，表现得淋漓尽致，让观众感同身受。

"感人心者，莫先乎情。"给自己的故事注入情感，就是我们增加表达影响力的关键。只有情真，才能意切；只有情真，才能感人。

当你给表达注入了情感的因素，就可以打破故事苍白无力的桎梏。那么，如何让自己的故事更感人呢？

1. 讲自己的故事，亲身经历往往更容易打动人

与他人的故事相比，你自己亲身经历的故事更容易打动人，因为你的感情是发自内心的。你从内到外地讲故事，自然就容易把故事讲活，从而让听众也更容易感受到你的真情实感、感受到你情绪的变化，进而被你的情绪所感染。

已故美国著名牧师康维尔曾把他的那篇《遍地黄金》演说了6000多次。而这篇演说就是以一则他自己的故事开场的。

"1970年，我们沿着土耳其底格里斯河顺流而下，走到巴格达城时，便雇了一个向导，让他领我们去看西坡里斯、巴比伦……"

每当听众听到这里，都会坐直身子、竖起耳朵听。这种故事开头十分简单，非常容易使听众不知不觉地随着他的思路走。因为听众都希望知道后来发生了些什么事，所以会平心静气地听他讲下去。

虽然每个人的经历不同，你的故事别人不一定经历过，但是

人的情感是相通的。别人能够从你的情绪中感受到你的内心，从而被你感动。

2. 增加听众的体验感

想把故事讲好，我们就必须增加听众的体验感。简单说，就是让听故事的人可以和你一样置身其中，好像经历故事中发生的事情一样，与你产生情感的共鸣。也就是说，讲故事的是你，但是听众却感觉自己就是故事的主角。

这时，我们需要通过声音语调的变化、肢体动作的调整来表达自己的情绪，然后调动听众的情绪。

巧妙设置悬念，
紧扣受众心弦

常有人问，讲故事简单，可怎么让故事引人入胜呢？万一对方对我的故事听着听着就不感兴趣了呢？两个字——悬念。

讲故事的时候，巧设悬念，就可以抓住观众的心，激起观众继续听的欲望。

如果把你的故事比喻成一桌好菜，那么，悬念就是主菜。一个表达者，不管口才如何出色，若把故事讲得平庸无趣，没有跌宕起伏、没有悬念，就无法激发听众的热情、拨动听众的心弦。

小时候时常跟着大人们听单田芳先生讲评书，比如《隋唐演义》《三侠五义》。那时候总是抱怨，这评书说得实在太讨厌了，为什么每次一到关键时刻，比如锦毛鼠白玉堂被困铜网阵命悬一线的时候，就会突然来一句"欲知后事如何，且听下回分解"？

其实，这就是设置悬念。主人公生死攸关，听众急切地想知道剧情如何发展，主人公是否安然无恙、如何闯过难关。此时，讲书人把悬念设下了，听众怎能不继续"追"着听？

最经典的就是单田芳先生介绍评书中重要的人物出场，总是能巧设悬念，既突出了该人物的神秘、厉害，又能够抓住听众的心。比如在讲薛仁贵出场的时候，单田芳先生是这样介绍的："一白袍小将从山上策马飞出，大战突厥大将，将其挑于马下。"而这白袍小将出现之后，评书便戛然而止，使得听众意犹未尽，心心念念地想着关于白袍小将的后续的故事。

可见，悬念的设置，对于讲故事来说是至关重要的。如果你不会设置悬念，就别想把故事讲好，更别想激发听众的兴趣。因为人们的兴奋点一般不会持续很久，无论故事多么有趣、演说多么慷慨激昂，都无法长时间地吸引听众。若没有悬念，你只是平实地叙述，听众很快就会失去听的欲望。

"文似看山不喜平，画如交友须求淡。"这句诗出自清代袁枚的《随园诗话》，可见，写文章最忌讳的就是平铺直叙，而应该做到跌宕起伏、悬念丛生，就像我们观赏山峰，总是喜欢看奇势迭出、峰峦叠嶂的风景。讲故事也是同样的道理。

循规蹈矩固然没什么不好，但是一个带悬念的故事才更有吸引力。讲故事不就是讲给听众听的吗？如果不能紧扣听众的心弦，你讲着必然也兴味索然；如果听众不感兴趣，你的故事还讲得有意义吗？

设置悬念不是简单地制造噱头，更不是故弄玄虚，而是和听众斗智斗勇，让自己的表达更具有可听性。那么如何给故事设置悬念呢？

1. 采用倒叙法，把结果先告诉听众

很多高超的表达者经常会以倒叙的方式设置悬念。先听到故事的结果，听众猛然一惊，从而急于想知道这个结果是怎么得出来的。或者先说后面发生的事情，然后利用回忆的方式来述说开始时发生的事情，让听众更有兴趣听事情的来龙去脉。

余华的《十八岁出门远行》就采用了倒叙的方式来讲故事。故事开头，背着红色背包的少年在山区公路寻找旅店，突然看见一辆满载苹果的汽车。少年顺利地搭上了车，可没过多久，车子就抛锚了。此时，五个农民出现了，问少年车里是什么，然后就开始一筐筐地搬苹果。

少年见状，一边阻止农民，一边叫着不远处的司机，结果被几个人打得鼻青脸肿。而司机回来看到苹果被偷了，不但没有生气，还嘲笑少年的伤口。

不久，来了更多搬苹果的人，他们把苹果都搬光了，还砸毁了汽车。少年想要阻止，却一次次被打倒在地。最后，倒在地上的少年看到难以置信的一幕：司机手里抱着少年的红色背包，跟

着那群人走了。临走时，他还在嘲笑着少年。

故事到这里结束了吗？没有。显然，如果这就是故事的全部，那么它只能算一个再普通不过的故事。突然，故事转了个大弯：遍体鳞伤的少年爬进同样伤痕累累的汽车，开始回忆一件往事。此时，故事开始了……

少年刚刚成年，父亲为他收拾行李——拿出一个红色背包，让他出去见识见识外面的世界。少年则满心欢喜，兴高采烈地跑出家门。

通过倒叙的方式，我们知道了余华讲故事的初衷：少年对成年世界的向往，以及对成年世界的失望。这样一来，这个故事就更具有可读性了。

2. 利用强烈的对比让悬念更鲜明

所谓对比，就是指矛盾。越是鲜明的对比，越能碰撞出激烈的矛盾和差异，越能强烈地吸引听众去探究产生矛盾的原因，去了解故事的发生、发展和最后的结局。

如果你表达的内容是中国古代史，在开头却说"有一个预言家告诉我，在2030年的时候，我们地球人……"顿时，听众的注意力就会被吸引，会好奇地想："不是说古代史吗，怎么说起了未来？"然后听众就会认真地听，想看你的葫芦里到底卖的什么药。

当然我们之前说的"欲知后事如何"的方式，还有提问的方式，都可以巧妙地设置悬念。

不管用哪种方法设置悬念，我们都需要知道，悬念不是凭空而来，更不是故弄玄虚。否则，听众就会失去听的兴趣，还会对你的故事产生反感。

而且，无论你的悬念多么奇特，都不要过分推迟宣布结果，而是应该尽快切入主题。否则你的故事就会本末倒置，效果也会适得其反。